新装版

ミルトン・エリクソン
MILTON H. ERICKSON

Jeffrey K. Zeig and W. Michael Munion

その生涯と治療技法

ジェフリー・K・ザイグ
W・マイケル・ムニオン

中野善行　虫明 修訳

Ψ金剛出版

MILTON H. Erickson

Jeffrey K. Zeig
and
W. Michael Munion

English language edition published by
SAGE Publications of London,
Thousand Oaks and New Delhi,
© Jeffrey K. Zeig and W. Michael Munion 1999
Japanese translation published by
arrangement with Sage Publications Ltd
through The English Agency (Japan) Ltd.

日本語版への序文

私は,『ミルトン・H・エリクソン』の日本語版への序文を書くことを大変誇りに思います。この本が日本で出版されるということは,エリクソン流の心理療法が盛んになってきることの証でしょう。

私は,1993年に初めて日本を訪れました。以来,エリクソン流の催眠と心理療法を推進している日本エリクソン・クラブに招かれていくどか来日する栄誉に預かりました。日本エリクソン・クラブには,ウェブサイト http：//www.erickson-club.jp/で連絡をとることができます。

催眠は,何年もの間日本で受け入れられて来ました。近年の高石昇氏,成瀬悟策氏,宮田敬一氏,森俊夫氏,吉本武史氏,北村雅子氏,中野善行氏らのご努力の賜で,日本文化にエリクソンの方法を取り入れようとする心理療法の指導者が増えてきています。

私は,日本には格別の親近感を感じています。この美しい国で楽しく教えたり旅したりしてきました。私は50歳の誕生日の記念に旅する国に日本を選びました。あなた方の文化は,とても多くの感銘を与えてくれます。あなた方のエリクソンについて学び,心理療法を発展させようとする開かれた姿勢に接して,大変感激しています。

私の友人である中野善行氏と金剛出版が翻訳の労をとってくれたことに感謝します。

そして共著者のマイケル・ムニオンとともに日本の読者の方々に感謝します。この本がみなさんにとって楽しく役に立つものであることを折っています。

ジェフリー・K・ザイグ

Jeffrey K. Zeig, Ph.D., Director

The Milton H. Erickson Foundation

3606 N 24th Street

Phoenix, AZ 85016

USA

謝　辞

　Lori Weiers の校閲に深く感謝します。この本の質が向上したのは，細部にわたり献身的に注意を傾けてくれた彼女のお陰です。それから私たちの原稿をワープロで打ち直してくれた Angi Hughes にもお礼を申します。

　そしてエリクソン夫人とエリクソンのご家族に心より感謝いたします。エリクソン先生との私的な体験を分かち合ってくださっただけでなく，ミルトン・H・エリクソン財団に絶え間なく貢献し続けてくださっています。彼らの協力とエリクソン財団のスタッフのエネルギーは，これからの心理療法にとって大いなるリソースとなるでしょう。

　最後に，エリクソンから学ぼうとする多くの方々に謝意を表します。多くの人たちがエリクソンの仕事を受け継ぎ，発展させてくれています。そしてエリクソンの叡智に学んだものたちによって，世界中で治療が進められています。

この本を私たちの子ども，ニコル・ザイグ，ウィルとマンダ・
ムニオンに捧げる。エリクソンは未来を指向していた。
この子たちが私たちの未来である。

W.M.M.と J.K.Z

目　　次

日本語版への序 ……………………………ジェフリー・K・ザイグ　3

第1章　ミルトン・H・エリクソンの生涯 ……………………11

概観／催眠に目覚める／研究方法／広がる影響／催眠時代到来／新しいメインストリーム

第2章　エリクソンの貢献 …………………………………41

エリクソンの主要な貢献／治癒力（Healing Agent）としての無意識／症状に焦点を当てた非病理学的モデル／積極的で指示的な治療者の役割／面接室の外での治療／治療は，クライアントの能力と強さを引き出す／利用／結論

第3章　主要な技法 ………………………………………72

催眠／メタファー／逸話／含意／逆説介入／課題処方／結論

第4章　批判と反論 ………………………………………117

理論的批判／倫理的批判／個人的特徴への批判／心理療法の制約／結論

第5章　ミルトン・エリクソンの総合的な影響 ……………144

催眠療法／デモンストレーション／焦点の変化／短期間・解決指向的なアプローチ／ユーモアとドラマ／社会的文脈／世界に拡がる支持者たち／派生した流派結論

エリクソン関連の書籍とエリクソン財団から刊行された
　書籍の目録 ……………………………………………175
文　　献 …………………………………………………182
訳者あとがき ……………………………………………188

新装版
ミルトン・エリクソン
その生涯と治療技法

第1章

ミルトン・H・エリクソンの生涯

　そして，あなたは唯一のかけがえのない人であるということをいつも憶えていなさい。そしてあなたのしなければならないことは，人々にあなたのありのままを見させるようにすることです。

Milton H. Erickson　(Erickson and Lustig, 1975: 6)

　ミルトン・ハイランド・エリクソン博士 Milton H. Erickson, MD が 1980年3月25日に亡くなったとき，750人以上の人たちが第1回国際エリクソニアン催眠・心理療法学会 the First International Congress on Ericksonian Approaches to Hypnosis and Psychotherapy に参加登録されていた。1980年12月に五日間の大会が，約20カ国から約2,000人を超える参加者を集めておこなわれたが，催眠に関する学会としては史上最大規模のものとなった。その後，五つの大会がおこなわれ，6大会合わせて1万人以上の専門家が参加した。世界中には，アリゾナ州フェニックスのミルトン・H・エリクソン財団の関連団体として75以上のミルトン・エリクソン協会が設立されている。エリクソンと彼の業績に関する書物は100を超えている。これらの著者たちは，ミルトン・エリクソンがつくり，発展させ，教えてきた独自の心理療法へのアプローチを糧として育ってきた信奉者である。また，戦略的心理療法，ソリューション・フォーカスト・アプローチ，神経言語プログラミング，ロッシ Rossi のマインド-ボディワーク，MRI（the Mental Research Institute）のアプローチなど多くの治療法がエリクソンから影響を受けている。さらにスティーヴン・ランクトン Stephan Lankton とキャロル・ランクトン Carol Lankton らは，エリクソンの催眠療法を家族療法に取り入れて活用している。

12

ミルトン・エリクソンの影響は広がり続けている。彼は，他のどんな臨床家よりも自らの症例を取り上げた論文を発表している（O'Hanlon and Hexum, 1990)。

概　観

ミルトン・ハイランド・エリクソンは，1901 年 12 月 5 日，ネバダ州シェラネバダ山脈のオーラムという町の鉱山の中に建てられた丸木小屋で，アルバートとクララの間に生まれた。彼は 11 人同朋の 2 番目だった。彼の 10 人の同朋のうち，一人の弟と 7 人の姉妹が，幼児期を生きおおせることができた。1904 年，家族は，幌馬車で東に向かって旅立ち，ウィスコンシン州ローウェルに移り住んで，そこで農場を買い，たまたま練乳精製器を手に入れることができた。ミルトンの幼い頃，アルバートは，鉱夫で牛飼いで農夫であり，しばしばネバダとウィスコンシンの間を行き来したがその間はクララが農場を取り仕切った。

エリクソンは，初等教育をウィスコンシン州のローウェルとリーゼビルで受けた。彼は，いわゆる赤緑色盲で，音の高低がわからず，基本的なリズムを聞き分けたり作ったりができなかった。また少なくともある程度，失読症であった。これらの問題は精査されなかったが，教育を受ける上でたいした妨げとはならなかったようだ。彼は，1919 年に高校を卒業するまでには，身体を鍛え上げ，ある農学雑誌に最初の論文を発表した。

1919 年 8 月，エリクソンは，ポリオに罹患し，全身麻痺となり，ほぼ回復するのに約 1 年を要した。それでエリクソンのウィスコンシン大学への入学は 1920 年にずれ込んだ。大学生の間にヘレン・ハットンと出会い，結婚し，3 人の子どもをもうけた。また，この頃，エリクソンの催眠への興味が花開いていった。1923 年にクラーク・L・ハル Clark L. Hull と催眠現象についてはじめて本格的に研究を開始した。1928 年には医学博士と心理学修士を授与された。

第 1 章　ミルトン・H・エリクソンの生涯　13

　コロラド総合病院で医科全般のインターンを，そしてコロラド精神科病院で精神科インターンの研修をおこなった。それから 20 年間で，彼は次第に重要な役職に就いていった。ニューイングランド州ロード島ハワードの州立精神病院時代（1929）は助手で，マサチューセッツ州のウースター州立精神病院時代（1930-4）には主任精神科医となり，ミシガン州エロイーズのウェイン郡総合病院時代には，精神医学調査局長（1934-9），精神医学調査養成局長（1939-48）を歴任した。また 1938 年から 1948 年の間に，ミシガン州デトロイトのウェイン医科大学の講師から教授に昇進した。この時期は，彼の私生活における大転換期にもなった。1935 年，彼は，ヘレンとの 10 年間の結婚に終止符を打ち，アルバート，ランス，キャロルの 3 人の子どもを引き取った。1936 年，エリザベス（ベティ）・ムーアと出会って結婚し，後にベティ・アリス，アラン，ロバート，ロクサーナ，クリスティーナの子どもをもうけた。エリザベス・エリクソンは，彼の共同研究者，共編者そして生涯の伴侶となった。

　初期におこなった広範な研究から，エリクソンは，熟練された観察者という名声を獲得していた。その結果，1938 年にはじめてマーガレット・ミード Margaret Mead はバリ島のダンサーにみられる自発的なトランス現象を理解するために彼に相談した。彼は後に，第二次世界大戦下合衆国政府の要請で，ミードとその夫グレゴリー・ベイトソン Gregory Bateson とともに，ドイツ人と日本人の性格構造とナチスのプロパガンダの効果を調査した（Rossi et al., 1983）。

　エリクソンは家族とともに 1948 年にアリゾナ州フェニックスに引っ越したが，そこで 1 年間アリゾナ州立病院の臨床部門長を務めた。乾燥し，暑い気候は，彼の種々の慢性アレルギーや筋肉の痙攣，間欠的なめまいや他の諸症状（おそらく当時は，知られていなかったポリオ後症候群による）にとってはいくらか安らぎとなった。しかしそれにもかかわらず，彼の身体条件の悪化のため，臨床部門長の職を辞さなければならなくなり，自宅での開業へと進んでいった。ここにロッシ（1983）らが述べるところの「指導者時代」

が幕を開けた。

人生の後半の30年間は，調査や研究に打ち込んだ時代に得たものを引き出しながら，診療と教育を通して臨床催眠を発展させていった。独自の治療スタイルを世界中で何千人もの専門家に教え，学術書の共編者となり，140を超える論文を書き，臨床と実験催眠学会（the Society for Clinical and Experimental Hypnosis: SCEH）の設立メンバーで，アメリカ臨床催眠学会（the American Society of Clinical Hypnosis: ASCH）の創設者となり，その学会誌である**アメリカ臨床催眠学雑誌**（The American Journal of Clinical Hypnosis）を刊行した。この時期には，オルダス・ハクスリー Aldous Huxley，アンドレ・ワイツェンホッファー Andre Weitzenhoffer，ジェイ・ヘイリー Jay Haley，ジョン・ウィークランド John Weakland，グレゴリー・ベイトソン，ポール・ワツラウィック Paul Watzlawick らのきら星たちと共同で研究をしたり，指導したりした。

エリクソンが亡くなったとき，彼は，愛する妻と4人の息子と4人の娘と16人の男性の孫と16人の女性の孫を残した（今では，孫は17人ずつとなり，ひ孫が32人いる）。彼はまた，世界中に直接教えを受けた弟子たちや彼の仕事を通じて間接的に影響を受けた数々の治療者を残した。

この男性の生涯は，さまざまな観点からみてもとても興味深いものである。ここまでは，全体を概観するために事実をもとにエリクソンと彼の業績を簡単にスケッチしてきたが，これからは彼の生の姿に迫っていきたい。彼の功績の精髄は，彼の個人的な特質――危機的な状況への対応の仕方から浮かび上がってくるような――と分かちがたく結びついているのである。この章の残りの部分では，エリクソンのペルソナ，体験，成長過程，心理療法への功績がどのように互いに影響しあっていったのかをより詳しく見ていきたい。

彼が亡くなる前にも，彼の治療法を研究していた何人かが，彼の治療を観察し，理論や技法を抽出しようとしたが，もっとも成功したと思われるものでさえ，十分なものではなかった。映像に記録された鷲の飛ぶ姿を考えてみよ。鳥の美しさや力強さはとらえられている。飛んでいくプロセスも，外表

第1章　ミルトン・H・エリクソンの生涯　15

の解剖学のように，観察可能だ。さらに風のような諸要素の影響も推測可能ではある。しかしながら，つまるところ自発性や果てしない動物と環境の相互作用は，失われている。同様に，エリクソンの治療の理論的公式化は，彼のエッセンスをとらえきれない。そのような試みから得られた成果は疑いなく有用ではあるが，所詮彼の治療法に似たものに近づくだけである。彼の治療法は，柔軟であり，患者独自の長所や能力を動員するエリクソンの能力に特徴づけられている。

　柔軟性，各患者をまったくユニークな存在であるとみなし続けること，そして患者が治療の場にもち込むものすべてへの注意，これらこそが，エリクソンの治療におそらくもっとも広く認められる特徴的な原則，**利用法**utilization の基礎となるものである。もっとも簡潔な用語である利用法は，患者の生活と経験のどんな側面に対しても進んで建設的に反応しようとすることである（Zeig, 1992）。もっとも強力で効果的な介入法はその起源を患者の中または患者の環境の中にもつ，という考えに利用法はもとづいている。利用法は，エリクソンの治療における他の五つの基本原則とともに第2章でより詳しく論じる。

成長期の体験

　エリクソンの利用の原則の起源をたどっていくと，彼の誕生のときに同様のものを発見することができる。彼の生まれた床が土のむきでた小屋には，三つの木の壁があり，四つめの壁には山の斜面が使われていた。生活を営むためには，目的を達成するために手近に使えるものなら何でも利用した。彼の母親は，節約して古いウィスキーの瓶をゼリーを保存するために（取り出すときにはナイフが使われた）もちい，手に入りにくい広口瓶は固形物を入れるためにとっておかれた。彼女の生活の知恵は，エリクソンの治療方法に相通じている。彼は，患者のリソースを引き出すための省力的方法を見つけて問題を解決した。彼の治療はそもそも患者─指向的であり，病気─指向的ではなかった。だから，似たような困難を抱えた二人への治療は，彼らの個

性や生活環境に応じて根本的に異なることもあった。

　エリクソンは治療する際に，患者の独自のものの見方について隅々まで深く関心をもって接した。何かはっきりしない知覚と機能の障害（色盲，失音楽症と失読症）に対処した経験が，彼に人が世界を見るときの独自のやり方へと着目させたのは疑いないところであろう。ところで，エリクソンは彼の独特の色盲によって紫色をもっとも好むようになったということも記しておきたい。エリクソンに関する初期の多くの著書は，彼への感謝のしるしに紫色の装丁で印刷された。

　エリクソンは，'3'と'm'の違いをやっと理解できた6歳のときの体験をこう説明している。先生が彼の手を取って3とmを書いた。違いはすぐにはわからなかったが，少しして突然にまばゆい閃光がおこったと彼は述べている。その光の真ん中で，'m'はその足で立っていて，'3'は足の出ている横側で立っていた（Rossi et al., 1983: 6）。

　エリクソンは，高校の2年生のときに同様の体験をしている。討論の先生が，多大な不毛の努力の末に，彼にgovernmentを'gov-er-ment'ではなく正しく発音させる方法を見つけたときのことである。彼はそれ以前には，彼の誤った発音と他の生徒の発音との違いさえわからなかった。先生は，エリクソンの同級生の名前'LaVerne'を，その単語の中に入れて黒板に，'govLaVernment'と書いた。ひとたびエリクソンがその発音ができるようになると，彼女は，'La'を省いて発音するように言った。彼が，その通りに言ったとき，彼はふたたびまばゆい閃光を体験しその単語以外のものは見えなくなった。彼は，「固く硬直したパターンの中に予想できない無関係なものを導入することでそのパターンを壊す」という彼の方法は，その先生のおかげだと言っていた（Rossi et al., 1983: 8）。

　これら二つの出来事や他の似たようなことから，エリクソンは自分の障害とそれがどう癒されるのかに興味を抱いた。また彼は，執拗に患者を「現実世界 the real world」に突き入れることは彼に読み書き発音を強いた不毛な努力と同じで，それよりも患者自身の知覚する世界で患者と出会う必要性を

第1章　ミルトン・H・エリクソンの生涯　17

感じた。

好奇心旺盛な青年時代

　若いとき，すでにエリクソンは何が問題を維持させる力で，解決のために
その力をどう利用すればよいかに気づくだけの鋭い観察力をもっていた。ダ
ブルバインドを最初にもちいたときのことを思い出して，エリクソンは，彼
の父がある風の強い冬の日にかたくなに抵抗する子牛を小屋に入れようと奮
闘しているのを見たときのことを語った。若いミルトンの笑いに，アルバー
トは彼に子牛を小屋の中に入れられるものなら入れてみろと挑発した。エリ
クソンは，しばらく考えて，父が子牛の頭を引っ張って小屋に入れようとし
ているときに，尻尾を反対方向に引っ張った。子牛はその頑固な抵抗をその
迷惑な二つの力に向けて，ミルトンを引きずって小屋の中に入っていった。

　エリクソンの観察能力と好奇心が合わさって生涯続く研究への情熱の核と
なった。10歳になる前にエリクソンは，ジャガイモはある決まった月夜の
晩に必ず芽を上に向けて植えなければならないという祖父の方法が妥当なも
のかどうか調べるためにある試みを計画して実行した。エリクソンは，いろ
いろな月夜の晩に芽の方向をバラバラにジャガイモを植えて，祖父の方法で
植えられた畑と比較することにした。祖父の結果への無関心さにがっかりし
ながらも（どちらも同じ収穫量だった），エリクソンは，自らの疑問を解く
ための論理的な方法を発展させはじめたのだった（Rossi et al., 1983）。エリ
クソンの好奇心と確かな解答への希求がのちに彼の研究を多様な領域——催
眠現象や犯罪傾向と知能との相互作用，統合失調症と生理学的変化，実験神
経症やくしゃみの継世代現象まで——へと導いていった。

　14歳のとき，エリクソンは，最初の論説「なぜ若者が農場を離れるのか」
を**ウィスコンシン農学者** Wisconsin Agriculturist に発表した。この論説は
同雑誌に数年後に再度掲載されたが，このことは若きエリクソンの洞察力を
示していると思われる。彼はそれから生涯，精力的に執筆していった。

死に瀕して

17歳のときエリクソンは，ポリオ（小児麻痺）に襲われ，聴力，視力そして眼球運動だけが残された。話すことには大変な困難がともない，他の運動能力はほとんど奪われた。発症したその日，医者が母に息子は翌朝までもたないであろうと話しているのを，彼はふと耳にした。母にそのようなむごい知らせを言う鈍感さに憤怒したことが，彼の生への粘り強い欲求のエネルギー源となった。彼は夕日を見ることを目標にし，母にドレッサーの位置を調整して，その鏡でドア越しに西側に面した窓から外が見えるようにしてほしいと頼んだ。夕日を見たいという欲求があまりに強かったので，彼は自己催眠を体験したと述べている。鮮烈な夕日だけを見た，視界をさえぎる木もフェンスも丸石も見えなかった，と。日が沈むと，彼は深い眠りに入り，それは三日間続いた。そのあとには回復過程があったが，ねばり強さと意志の力だけではなく，優れた観察力といくばくかの幸運もまた必要であった。回復したということ自体が奇跡的であると思う。というのも1919年のウィスコンシンの田舎で近代的な医療はまったくなかったのだから。

ある日，思いがけないことが起こった。エリクソンが，部屋の真ん中で麻痺した彼のために考案された便器兼用のロッキングチェアーにたまたま置き去りにされたときのことだった。座り続けていると退屈してきて，椅子が農場の見える窓の近くにあったらと願っていると，椅子がほんのわずかに揺れはじめたのだ。エリクソンはすぐに気づき，願望が何らかのかたちで微細な筋肉インパルスへと翻訳されたのだと結論づけた。彼の麻痺した身体が結局のところ動きを生み出すことができたということがわかったときにはきっととても感銘したにちがいない！　彼の次の課題は，不可能なこと（動かし得ないものを動かしたこと）を達成することから，可能なこと（わずかな動き）を拡大していくことへと変わった。このやり方は，彼がのちに治療者としておこなった，ある能力に焦点を当て少しずつ増加させるというやり方に通じていると思われる。もし便器椅子が4本足の椅子から作られていたなら，もしエリクソンに鋭い観察力がなかったなら，彼の回復はあれほど早くはなか

ったであろう。また無意識によって生み出されたこれらのわずかな動きは，のちにエリクソンによって，無意識が行動の変化に影響を与える観念運動反応 ideomotor response の実例として理解されたということも付記しておきたい。

　エリクソンは，特定の筋肉の動きを詳細に思い出すという骨の折れる作業にもとづいた回復プログラムに着手した。たとえば，もし焦点が手にあるならば，さまざまなものをつかんだときのことや指を開いたり閉じたりしたときのことを思い出すようにした。彼は，手や指のぴくぴくした動きなどほんのわずかな動きも見逃さないように観察し，成功すると訓練に拍車がかけられた。やがて運動のことを考えることで，自動的に身体の反応を引き出すことができることを見いだした。その後の 11 カ月の間，エリクソンは，小さな動きを発展させることに集中し，それらの動きを身体のあらゆる部分に広げることができるようになった。そして記憶によって引き出された自動的な運動（観念運動）の体験を積み重ねることで，次第に意図的なコントロールを再獲得していった。

　細部への観察と注意は，エリクソンの回復にとって不可欠であった。彼は，バランスをとったり歩いたりすることを再学習する上で，一番下の妹がハイハイをしたり，ヨチヨチ歩きをしたりするのを観察したことから大いに助けられた。訓練が進んでいくうち，彼は歩くために力を尽くすと疲れて慢性的な痛みが軽減されることを学んだ。より重要なことに，彼は，同様の痛みの軽減を，ただ歩くことや疲れやリラクセーションについて**考える**ことだけで体験しうることを発見した。

　エリクソンが全身麻痺から得たもう一つの重要な成果は，通常見逃される情報から意味を引き出す能力を発達させたことだ。たとえば，ベッドに横たわりながら，納屋の戸が閉まり，足音が近づき，だれかが家の中に部屋に入るのを聞いて，だれが近づいているのかそしてその人がどんな気分なのか正確に判断できるようになった。微少な徴候とその意味に気がつけるようになったことは，治療者としての彼の能力に大きく寄与した。彼が，彼と勉強し

たい人たちを指導するとき，患者の大まかな行動やことばにだけではなく，動き，声の調子，姿勢，呼吸などにも注意するようにと強調した。

さらなる回復

1920 年の秋までには，エリクソンは，松葉杖をついて歩けるようになっており，ウィスコンシン州立大学に入学する準備ができていた。1 年生の終わり頃には，彼はより健康的になっていたが，まだ弱々しく松葉杖を必要としていた。医者から，できるだけ多くの時間を自然の中で過ごすよう助言を受けたので，彼は友人と 10 週間のカヌー旅行の計画を立てた。だが直前になって，友人は，旅行を断念した。エリクソンは，臆せず，一人で行くことにした。彼は，2 週間分の食料と数冊の教科書と 4 ドルをもって旅に出た。道すがら，彼は食料費を稼ぐために農場で働いた。ときには，食料を代わりに調理して分け前をもらうこともあった。10 週後，彼は，1,200 マイルにおよぶカヌーの川旅から家に帰った。がっしりとした身体つきになり，少し足を引きずりながらも松葉杖なしで歩けるようになった。ポケットには 8 ドル入っていた。このような旅は，健康人にとってさえも難事であるが，エリクソンのような身体に障害のあるものにとってはなおさらのことだ。それは，行く手を阻む悪天候やダムのような障害を克服する際の身体的苦痛をおして進むには不屈の精神が必要であることを象徴している。それは，道すがらに仕事を探し，食料を手に入れ，仲間を作る豊かなリソースを象徴している。それは，人生において機会を与えられることなしに挑戦はなく，挑戦できるときにはそれに打ち勝つ手段が与えられるという前提にもとづく暗黙の哲学を象徴している。この不屈の精神，豊かなリソースそしてポジティヴィズムは，エリクソンが生涯追求した多岐にわたる業績の中にだけではなく，彼のもとに治療を求めてきた患者たちに伝えた価値観の中にも認められる。

眠っているときはジャーナリスト

エリクソンは大学 2 年生になった頃には，無意識は意識にとって劇的に役

立つ能力をもっているということを理解していた。「**催眠における癒し** Healing in Hypnosis（Rossi et al., 1983）」の中でエリクソンは，ジャーナリズムの世界に最初に進出していったときのことを語っている。彼がもっと若い頃，夢の中で数学の問題を解いたことを思い出して，彼が眠ったあとで，大学新聞デイリー・カージナルに掲載される論説を書くことができるかどうか確かめようとした。彼の計画は，夕方に勉強をして，午後10時30分に眠り，目覚まし時計を午前1時にセットし，目覚ましが鳴ったら，論説をタイプし，その原稿の上にタイプライターを置き，ふたたび眠るというものだった。翌朝，彼はタイプライターの下に原稿を見て驚いた。彼はそうしたことを何も覚えていなかった。彼は控えを読まずに保管し，原稿を編集者に送った。その週末までに，彼は3本の論説を書いた。毎日彼は自分の論説が載っているかどうか新聞を読んだが，見つけることはできなかった。週末に，控えを読んだところ，彼の論説が3本とも掲載されていたことがわかった。それまで自分が書いたものとわからなかったのだ。

催眠に目覚める

　論説を書いた体験は，エリクソンにとってとても示唆的であった。彼は，「自分の頭の中には，自分が認識している以上のものがある」（Rossi et al., 1983: 12）と思った。またそのことはエリクソンに解離現象の明瞭な感覚を与えた。自ら意識できる以上の情報が心に蓄えられているということを証明したのだった。当時，ルームメイトが彼の行動について語ったところによると，彼は，眠りながら，歩いたりタイプしたりしたとのことであった。彼が大学3年生になってクラーク・ハルのセミナーに参加して，そのときの体験が自己催眠による夢遊トランス状態の行動であると理解できた。

　エリクソンが催眠に初めて出会ったのは12歳のときで，友だちが催眠に関する薄い小冊子を手に入れたからだった。その友だちは，エリクソンを催眠に入れたがったが，エリクソンは大人になって分別が付くまで待ってくれ

22

と言って断った。のちに，彼は本当に催眠について学ぶことになった。2年生の終わり頃，彼はクラーク・ハルが催眠のデモンストレーションをするのを見た。エリクソンは，そのときの被験者の一人に彼が催眠をおこなうことに協力してくれるよう頼みこんだ。そして，最初の被験者から学び，ついで，二人目，3人目と試していった。彼は夏休みの残りの期間，催眠に没頭し被験者の反応性を高めるためのさまざまな技法を工夫することに費やした。彼は計画的に取り組んだ。おこなったことは丹念にノートに書き留めた。彼は，得られた成果を3年生の秋におこなわれたハルの大学院でのセミナーで報告した。その年の終わりまでに彼は数百人に催眠をかけ，いくつかの実験をおこなった。彼はまた，メンドタ州立病院やウィスコンシン大学の医学校や心理学部の教員の前で催眠のデモンストレーションをおこなった。

　ハルのセミナーでの出来事は，いろいろな意味でエリクソンの性格特徴を示していた。夏の間の精力的な実験と注意深い観察によって，この下級生は大学院生やその領域の指導者の一人から仲間と認められるようになった。参加者たちは，催眠に見られる現象やプロセスについてさまざまな意見を持っていた。ハルの主張は，催眠状態を引き出す上で被験者のいかなる内的要因よりも「催眠者 operator」の方がはるかに決定的な要因をはたすというものであった。ハルの考えでは，被験者は，暗示が刷り込まれる白紙の心の受け身の存在とみなされていた。ハルはのちに標準化された催眠誘導技法を開発したが，さまざまな人から同じようなトランス状態を引き出すために誘導法のレコードを使えるようにすることが究極の目標であった。

　この国の指導的専門家の強力な意見を前にしても，22歳の下級生のエリクソンは，自己治療体験の内省と数多くの被験者との催眠実験から得られた，被験者は単なる受け身的な自動人形 automaton ではなく積極的な参加者であるという考えを固く保持していた。ハルの考えでは，催眠は，被験者に対しておこなわれるものであるが，エリクソンの考えでは，被験者との協力の中から引き出されるものであった。それにもかかわらず，エリクソンはセミナーから得るものがあった。催眠現象について，幅広い視点からの意見を聞

ける機会であったし，実験手続きを通して催眠を学ぶこともできた。彼は，ハルから学んだものとティヒナー Tichnner，ヴント Wundt，ピルズベリー Pillsbury の内省に関する教説を考え合わせて，被験者の側からの催眠と暗示の関係についての催眠の実験的研究を組織的に計画していった。

医学生

　8歳のとき，エリクソンは医者になる決意をした。激しい歯の痛みに苦しんで，彼はかかりつけ医を受診した。この医者は，歯を抜いて痛みをとってくれた上に，白銅貨をくれたので，エリクソンはたいそう感銘を受けた。彼は，その決意にしたがった。医学部進学課程の学生のとき，教授の一人から推薦状をもらって州立管理局で働き，囚人と孤児の心理検査をおこなった。その後医学校に進級すると，彼は個性的で非凡な資質を示した。エリクソンはジェイ・ヘイリーに，医学校の1年目を次のように説明している。

　　医学校の1年目を迎えるにあたって，深刻な問題がありました。仕事がない。それで，州立管理局に行きました。9月のはじめでしたが，それから毎週行って，犯罪に関する統計の報告をまとめて局長の机の上に置いて帰りました。その報告は，予算の増額や広報誌の発行の役に立つと局長の興味を引きました。それが11月の第1月曜日，報告書はなし。局長は激しく怒って，私を呼び寄せました。そしてお金の分働いていないじゃないかと言いました。なぜ報告書を出さないのか？　私は，お金はまったくもらっていない，と言いました。それで彼は言いました。「わかった。それじゃあ，たった今雇ったぞ！」これで仕事のことは解決しました。さらに，休日や長い休みには，管理局が望む特別な検査をしてその都度別に手当をもらいました。徐々に熱中していきました。クリスマス休暇には，記憶が正しければ，一日に10ドルもらい，検査をすればさらにいくらかもらいました。えー，医学部の1年のとき，75ドルもっていました。何かないかとマジソンの街中を自転車で探し回りました。それで月70ドルの借家を見つけました。よく点検して，家主に会いました。70ドル支払って契約し，貼り紙をしました。「学生向け貸し部屋」って。大学の事務には頼み込んで，支払いを待ってもらいました。働

24

いて自活している学生たちは，よろこんで安くシーツや毛布を貸してくれました。ベッドや家具は中古屋で調達しました。そうやって部屋を整えて，ほかの学生に貸したのです。学生時代は，こうやって自活していました。州立管理局からの給料もありましたので，とてもよかったですよ。(Haley, 1985c: 152-3)

　このエリクソンの発言に認められる際立った工夫の才は，彼の人生の特徴であると同時に彼の治療の証でもあった。

　ところで，エリクソンの人柄と治療はほぐれがたく絡み合っていることを記しておきたい。対照的に，フロイド Sigmund Freud の業績は，彼の人格から独立していると言えるだろう。彼の理論，方法論，技法を学んだとしても，彼がどんな人だったかは明瞭とならない。確かに精神分析家は，転移を容易にするための影のような存在であるよう定められている。分析家は，自らの性格をあきらかにしないようにしている。他方，エリクソンを勉強して，彼の人となりのイメージを描かずにおくことは困難である。彼の不屈の精神と豊かなリソースのような特性を思い描くことは，すでに治療の一部となっていた。

　彼は，学士号を取得する前に医学校に進んだ。研究を「ありきたりのものではなく，興味深いもの」(Haley, 1985c: 153) にしたかったので，学士号の取得を遅らせたのだった。彼が，精神発達遅滞と子捨てと犯罪の相互関係に関する学士論文を提出すると，大学側は彼に，優秀な学士論文として表彰されるのがよいか，それとも心理学の大学院の教科を履修していたので修士と学士の資格を兼ねた論文として受理されるのがよいかを選択させた。それで，1928 年 6 月 18 日，彼は，ウィスコンシン大学から心理学修士と医学士の称号を与えられた。

家庭をもつ

それより 3 年前の 1925 年，23 歳のとき，エリクソンはヘレン・ハットン

第1章　ミルトン・H・エリクソンの生涯　25

と結婚し，家庭をもった。彼らは3人の子どもを授かった。アルバート
Albert が1929 年，ランス Lance が1931 年，キャロル Carol が1933 年に生
まれた。この結婚は10 年間続いた。ヘレンと離婚したのは，1935 年だった。
二人の関係が破綻したいきさつについてはほとんど書かれていない。ロッシ
ら（1983）は，この時期のエリクソンの生活について記述し，この苦痛に満
ちた体験からエリクソンは，関係性について再認識する必要を感じたのでは
ないかとしている。考えていたことと現実との間にギャップを感じて，それ
を減らすために努力した。患者は必ずしも問題を完全に解決しなくてもよい，
むしろその人らしく発達すればよい，というのがエリクソンの治療観であっ
た。治療者の仕事は，現在と未来のあらゆる困難を解決することではなく，
患者に発達上の問題をやり過ごさせ，自分にあったやり方で発達できるよう
にすることである。

　1928 ～ 29 年のコロラド総合病院でのインターンとコロラド精神病院での
精神科インターンを終えて，エリクソンは，ロード島のハワードへと移り，
州立精神病院の助手に任用された。この時期に彼は，犯罪行動に焦点を当て
た彼にとって初めての二つの学術論文を発表した。コロラド時代と同じくこ
の時期も催眠に関心をもち続けていたが，催眠を臨床に使うことは，公式に
禁止されていた。それゆえ，催眠の研究と訓練は，夜と週末に限られた。

　1930 年，マサチューセッツのウースター州立病院へ転勤し，ジュニア精
神科医となった。1930 年から1934 年の間に，シニア精神科医そして調査局
の主任精神科医に昇進した。彼は，さらに11 編の科学論文を書いたが，そ
の中には，彼の催眠に関する最初の論文「実験催眠の有害作用 Possible
detrimental effects for experimental hypnosis」（Erickson, 1932）が含まれ
る。この論文は，文献を概観し，催眠の有害作用——被暗示性の亢進，人格
の変容，現実と非現実を区別する能力の低下，不健康な傾向の助長，回避機
制などの——の科学的根拠を示そうとしたものである。そして文献には，思
索と推量を超えるような確実な根拠は見当たらなかった。エリクソンの300
人以上との文字通り1,000 回以上におよぶ催眠面接において，有害作用は観

察されなかった。

　催眠に関する他の2編の論文を含むこの時期のエリクソンの論文は，非行の評価，統合失調症とその治療，健忘など広範囲の多様なテーマで書かれた。あきらかに若きエリクソンは，人間の心理作用のあらゆる側面に関心を抱いていた。そしてみずからの観察と考えをうまくつなげていった。

　1934年にエリクソンは，ミシガン州エロイーズのウェイン郡総合病院に精神科医長として赴任した。そこで彼は熱心に催眠を研究した。その催眠は，以下のように広範囲にわたった。催眠によって惹起された神経症，自動書字，知覚に関する実験（催眠による聾や催眠による色覚幻覚を含む），ヒステリー性うつ病の催眠による治療，催眠の反社会的利用可能性について。彼はまた他の領域の研究もおこなった。結局，エロイーズの14年間で47編の論文を発表した。このような努力によって，彼が，ひたむきな研究者として名声を獲得していったとしても不思議ではないだろう。

研究方法

　エリクソンの研究の内容を見ると，彼が卓越した観察力と厳密な推論能力をもっており，研究データをもとに結論を導き出しているのがわかる。この彼の姿勢がもつ意味を，1970年代の地政学の比喩で表すことができる。共産主義国家中国と政治的関係をもつことは合衆国内ではあまり受け入れられずにいたが，国交を樹立したのは，超保守主義（反共産主義）の指導者リチャード・ニクソン Richard Nixon によってである。同様に，歴史的に催眠をブードゥー教や黒魔術の同類とみなすような専門家の風土の中で，唯一熟達した観察だけが，催眠にまつわる神秘主義を追い払うことができ，その治療的有効性を保証する。ミルトン・エリクソンの研究はまさにこれである。

　エリクソンは，研究を続けながら，観察能力を向上させることに挑戦し続けた。たとえば，生活史についての質問は控えて，幻覚や妄想の内容などを含め心理状態を徹底的に吟味し，考えられる生活史を詳細に書きとめ，あと

第1章　ミルトン・H・エリクソンの生涯　27

で，ソーシャルワーカーによって調べられた生活史と比較検討した。逆に，詳細に生活史を聴取し，それから予想される心理状態を書きとめ，実際の心理状態と比較検討した。このようなやり方で，彼は2種類の情報を結びつける能力を磨き，生活史と精神症状の関係の理解を深めていった。

　1934年から1948年のエロイーズ時代は，エリクソンにとって，個人的にも専門的にも変化の時代だった。ヘレンとの結婚はウースターで終わっていた。ウェイン大学の学生であったエリザベス・ムーアとはエロイーズで出会った。彼らは，1936年6月18日に結婚した。ミルトンは3人の子ども，アルバート（7歳），ランス（5歳），キャロル（2歳）を連れていた。私生活についてはほとんど書かれていないが，エリクソンは子煩悩な父親であったにちがいない。当時子どもを引き取る父親はまれであった。1938年，ベティ・アリスが生まれた。家族はなおも増え続け，アランが1941年，ロバートが1945年，ロクサーナが1948年そしてクリスティーナが1951年に生まれた。クリスティーナが生まれたときバートは20代だった。エリクソン夫人は，30年の間家族に少なくとも一人はティーンエイジャーがいたと言った（Haley, 1993）。

　彼が40歳にさしかかろうとしたとき，エリクソンは専門家としてめざましく躍進した。1939年，彼は，ウェイン郡病院の精神医学調査養成局長になった。同年，彼は，アメリカ精神神経医学会の認定医となった。精神医学調査局長であった1938年からは，ウェイン医科大学の教師を兼任した。彼は講師からすぐに助教授に昇進した。そして認定医になると，准教授に昇進した（Haley, 1985c）。また社会福祉学部でも教えていたので，ウェイン大学は彼を大学院の教授にした。ミシガン州立大学もまた彼を臨床心理学の教授にした。1940年から1955年の間，彼は，**神経系疾患誌** Diseases of the Nervous Systems の編集委員を務めた。

　エリクソンはまた，第二次世界大戦中地方の徴兵局でボランティアとして働いた。そうすることで戦争に協力する機会を与えられるとともに，医学生と臨床心理学生に実際の臨床を体験させることが可能となった。エリクソン

らしいやり方で，徴兵局から利益を得る別の方法を見つけたのだった。彼は，そこで起きたいろいろな出来事について書き，デトロイトニュースのコラムニストのH・C・L・ジャクソンに送った。ジャクソンは，その逸話を「エリック・ザ・バジャー」からの情報として載せた。そのいくつかは，リーダーズダイジェストに再掲載された。

　1938年にエリクソンは，マーガレット・ミードから連絡を受けた。彼女は，バリ寺院の舞踏者に見られるトランス状態について研究しており，催眠に関する情報を求めていた。彼女は，アブラハム・マズロー Abraham Maslow からエリクソンを紹介されたのであった。結局，エリクソンと夫人はミードのプロジェクトを支援した。彼らは一緒に，バリの舞踏者の映像を観察した。その多くは，自発的にトランス状態に入っていたが，中には，トランスに入った振りをしているものもいた。エリクソンの仕事は，本物を見分けることだった。このプロジェクトが，ミードとエリクソンの長い付き合いの端緒となった。

　大戦の間，グレゴリー・ベイトソンは，妻のマーガレット・ミードとともに，多文化間研究センター the Center for Intercultural Studies を設立し，得られた情報を政府に送った。彼らの求めに応じて，エリクソンは日本人男性に催眠をかけ，ドイツ人男性と一緒に食事をし，その男性の反応が観察された。その後エリクソンは，文化の違いに関する観察と分析の結果を報告した。またエリクソンは，1952年のミードとベイトソンの参加したメーシー・カンファレンスに講演者として招待された。ベイトソンは，ジョシア・メーシー財団から，彼が意義を認めたテーマを追求するためであれば自由に使える助成金を与えられていた。彼は，ノーバート・ウィナー Norbert Weiner やハインツ・ヴァン・ファレスターを含むきら星チームを結成した。メーシー・カンファレンスの成果のひとつに，サイバネティックスの領域の創生に貢献したことが挙げられる。最初のカンファレンスでは，あらかじめ決められたテーマはなかった。エリクソンの仕事は，出発点の一つとして研究された。

第1章　ミルトン・H・エリクソンの生涯　29

　ミードとベイトソンは 1950 年に離婚したが，エリクソンは二人と生涯交際を続けた。1950 年代のベイトソンのコミュニケーション研究を通して，エリクソンは，戦略的なあるいは相互作用的な心理療法の発展に影響を与えた。

　身体的ハンディキャップは，エリクソンの成長に大きな役割を演じた。ポリオの障害に打ち克つ過程が，痛みのコントロールを含む心的プロセスの理解に多大な貢献をした。ポリオのために，細かいところまで観察する能力がとぎすまされ，驚異的な意志の力を発達させた。

　1947 年ミシガンで，ふたたび身体的障害が，エリクソンの生活と仕事に大きな影響を与えた。自転車の転倒事故が，エリクソンの額に泥で汚れた傷を作った。彼には抗破傷風血清にアレルギーがあったが，最良の医学的アドバイスは，危険を冒しても血清を打った方がよいというものだった。二，三日熟考して，彼は，血清を打つことにした。1 週間後，アナフィラキシー・ショックが起き，急激な血圧低下のため繰り返しアドレナリンを使用しなければならなくなった。それから 1 年 3 カ月間以上彼は，関節痛，筋肉痛，急激な衰弱を特徴とする「血清病」にたびたび苦しめられた。その長期にわたる有害効果は，彼の生活にもっとも影響を与えたものの一つとなった——花粉への長年のアレルギーが劇的に悪化し，しばしば入院しなければならなくなった。そしてついに 1948 年 7 月，これらの症状のため，エリクソンは，当時大気中のアレルゲンがほとんどなかったアリゾナ州フェニックスへと旅立った。夏の間に体力が回復し，アリゾナ州立病院（ASH）の院長と話し合いをもったあとで，エリクソンはエロイーズでの職を辞し，ASH の臨床部長を引き受けた（Haley, 1985c）。

　ASH は，外部の政治的圧力と闘っていたため，管理体制が絶えず変化していた。デトロイト出身の知人で院長のジョン・A・ラーソン博士 John A. Larson, PhD, MD と共同して，エリクソンはある程度安定した体制を作り，ASH を先端的な研究と治療の拠点とする希望をもっていた。ラーソンは，長年の研究のバックグランドをもっており，ポリグラフ研究の先駆者であっ

た。ASH の将来は，約束されているかのようだった。

エロイーズ時代と同じく，エリクソン一家は，病院の敷地内に住んだ。医学生からは，ASH の住み心地はどうかという質問が寄せられるようになった。まもなく二つの問題が計画を破綻させた。第一に，よそからお呼びがかかりラーソンが転勤してしまい，エリクソンに管理体制の責任がすべてのしかかってきたこと（外部の政治的圧力との闘いもまた含まれる）。次に，ポリオによる脊髄炎と脳炎の後遺症からくるめまい，激しい痛み，意識低下の悪化に苦しめられたこと。これらの症状は，計画を遂行するにはあまりにひどすぎるものだった。エリクソンは，病院を辞し，個人開業へと踏み出して行った。

サイプレス・ストリート時代

エリクソンは，いくつかの理由から自宅で開業した。そうすることで，筋肉の痙攣から間歇的にくる痛みを和らげるために自己催眠が必要になったとき，比較的容易にプライベートな場所に移ることが可能となった。また症状がひどく悪化して，誰かの助けが必要になったとき，夫人が協力できる。そしてもちろん，家族とより多くの時間を過ごすことが可能となった。

1949 年から 1970 年の自宅開業がおこなわれたのはウエスト・サイプレス・ストリート 32 番地（もはやそこに家は存在しない）で，現在はフェニックスのダウンタウンである。フェニックスのメインストリートからわずかに離れたところで，近隣住区にあった。1970 年から 1980 年 3 月 25 日に亡くなるまでは，エリクソンは，他の住宅区域であるヘイワード・ストリートの彼の障害により適した家に住んだ。

エリクソンのサイプレス・ストリートの診察室は，まったく気取らない──つつましいものだった。家の後部にある小さな部屋で，約 3 メートル四方で，三脚の椅子と机と書棚があった。ヘイワード・ストリートの診察室も同じようにつつましいのものだった。そのような質素な診察室に，地球上の

隅々から啓発を求めて,「巡礼者」が訪れた。

　エリクソンの診察室が自宅にあったので,ユニークな「家族」療法がおこなわれることとなった。エリクソンの家族が患者たちと深く関わるようになった。サイプレス・ストリートのときは,家族の居間が待合室を兼ねていた。生徒,患者,仕事仲間が子どもたちやペットや家族の友人と,エリクソンの価値観——家族は尊いもの——を美しく反映した家庭的なやり方で交わった。さらに重要なことは,患者が家族と過ごすことには,暗黙のうちに患者に対する好意——彼らは,差別されたり孤立させられたりしていない,ということが含まれていた。彼らは待っているとき,お人形の着せ替えを手伝ったり犬の耳の後ろを掻いてやったりなど,ときに応じてさまざまなことを頼まれた。

　家族は,エリクソンの患者への関心を分かち合い,ある女の子が恵まれない患者のためにサンドウィッチを作ったりするのは珍しいことではなかった。ある長く入院していた患者は退院後に,家族に養子のように迎えられた。家族は彼が犬を手に入れるのを手伝い,エリクソンの家で飼うようにした（彼のアパートで飼うことは禁止されていた）ので,彼は何年も毎日訪れ,世話をした（Rossi et al., 1983; Zeig, 1985）。また,患者や生徒が料金を支払うのが困難なときには,エリクソンの家で何か仕事をさせてもらうということは普通におこなわれていた。

　エリクソンの家庭生活の風景は,エリクソンがよく子どもたちと関わったエピソードを重要なポイントを示すために使っていたので,文献から集めることができる。また,彼の死後におこなわれたいくつかの国際エリクソニアン催眠・心理療法学会で,彼の子どもたちが子ども時代のエピソードを語った。その一つは,責任をもってゴミ出しができるくらい大きくなったと言い張ったある男の子に関するものであった。彼が二日続けてできなかったとき,エリクソンは介入した。深く詫びながら,彼はその少年を真夜中に起こして,よい親なら寝る前にゴミ出しに気づかせただろうにと言った。エリクソンはとてもすまなそうにしながら,もしよい親になりたいなら,子どもが自分の

責任を果たすことを信じなければならないのだと言った。男の子がゴミ出しを喜んでしようとするなら，親には少なくともそれを見届ける責任があるのではないか？　その後ゴミ出しが忘れられたことはなかったようである。エリクソンは，患者に対するときも家族に対するときにもベルベットの手袋の下に鉄の拳をもっていた。

災難が二度降りかかる

　1949 年のはじめから 1950 年代の前半にかけて，エリクソンは催眠のワークショップとセミナーに飛び回った。またフェニックス大学とアリゾナ州立大学で講義をおこなった。そして 1953 年，エリクソンは，当時 2 度目のポリオの罹患と思われていたものに苦しめられた。彼は，三つの苦難のうちの二つと契約したと考えた[1]。「もう一つ残っている」彼はのちにジェイ・ヘイリーに冗談めかして言った（Haley, 1985c: 165）。これが，逆境を最小限のものにするエリクソンの特徴的な態度だ。

　1953 年の悪化の影響で結局，エリクソンは，痛みから解放されることはめったになくなった。右腕，背中，脇，腹部そして両足の筋肉にダメージがあった。しかし回復には，以前の感覚記憶をもちいたリハビリの経験が役立った。彼には，ダメージを受けた筋肉をどう再訓練すれば機能的損失を代償できるかわかっていた。また長年にわたる自己催眠の経験から，痛みの管理をよい安らぎをもたらすことのできる無意識へと移管することができた（Rossi et al., 1983）。慢性的な痛みのその程度は，加齢とともに劇的に増加した。彼は，筋肉の痙攣が突然激しく起こるため，文字通り引き裂かれんばかりであったと語った（Haley, 1985c）。

　エリクソンはまた，日常生活の中でもリハビリをおこなった。彼は，サイプレス・ストリートの診察室に電話を置かないことにしたので，毎日何回も家の中の電話のところまで，起きて歩いて行かなければならなかった。彼は，ポテトの皮むきのような単純な仕事も積極的におこない，可能な限りより多くの身体的機能を保持しようとした。1956 年には，2 本の杖を使って，山

第1章　ミルトン・H・エリクソンの生涯　33

に登れるようになるまでの向上を果たした（Haley, 1985a）。このような回復にもかかわらず，恒常的な変性的機能低下のため，1967年からエリクソンは，生涯車椅子から離れることができなくなった。晩年には，横隔膜半分と肋間筋で呼吸をするたびに，慢性的な痛みがあった。複視となり，聴力は障害され，義歯を装着することができなかったので言葉をはっきりと発音することを再学習しなければならなかった。これらの逆境にもかかわらず，あるいはそのため，彼は明るく振るまい，生きることの喜び――感染しやすく人を元気にする――を発散させていた（Zeig, 1985）。

広がる影響

　回復に専念した期間は別として，ポリオはエリクソンが専門家として成長することを遅らせはしなかった。1950年代中頃は，エリクソンの影響が広がっていった時期だった。彼は，国中を回ってセミナーをおこない催眠を心理療法家，精神科医，歯科医に教え始めた。

　この時期にエリクソンは，オルダス・ハクスリーと友人になり，二人はハクスリーを被験者として共同で興味深い催眠の研究をおこなった。一連の実験が書き上げられようとしたとき，ハクスリーのカリフォルニアの家が火事になり，草稿も実験記録も焼失してしまった。残されたのは，エリクソンが控えていた催眠実験の1回分の記録だけだった。エリクソンは，それをまとめて，「オルダス・ハクスリーとさまざまな意識状態の性質と特徴を検討して A special inquiry with Aldous Huxley into the nature of and character of various states of consciousness」という論文を**アメリカ臨床催眠学雑誌**1965年7月号に発表した。またそれは『**ミルトン・H・エリクソン全集**Collected Papers of Milton H. Erickson（Rossi, 1980a）第1巻』に再録された。

　彼らは，ハクスリーが「深層省察 deep reflection」と呼んでいたある種の意識変容状態について研究した。ハクスリーが執筆の構想を練るのは大抵そ

の深層省察の中であった。その状態は選択された関心以外の行動や刺激に対する解離と健忘によって特徴づけられる。またエリクソンはハクスリーをさまざまな深さのトランスに誘導し，外的現実の認知，内的心地よさの感覚，幻覚，感覚脱失，健忘，記憶過剰，時間歪曲，カタレプシーなどさまざまな現象について調べた。「深層省察」と「トランス状態」を比べて，ハクスリーは，フォーカスの深さについては類似性があるが，催眠体験の方が外的現実との関連性が乏しいと結論づけた。大部分の記録の焼失にもかかわらず，彼らの記述は，催眠現象と他の意識変容状態に関して洞察に富んだ示唆を含んでいる。

　リン・クーパー Linn Cooper, PhD.はエリクソンに，彼の時間歪曲についての発想と時間感覚を操作するための研究の手段として催眠をもちいることの可能性について尋ねた。エリクソンは興味をひかれ。共同でアリゾナ州立大学の心理学の学生を被験者にして実験を計画し遂行した。クーパーが実験の所見をまとめ，エリクソンがその臨床的意味と治療への応用について詳述した。「**催眠における時間歪曲** Time Distortion in Hypnosis」は 1954 年に刊行された。時間歪曲は催眠現象のうち最後に解明されたものの一つであった。クーパー/エリクソン・プロジェクトは催眠研究に重要な貢献となった。

　「**催眠における時間歪曲**」が売り切れ，増刷が考えられていた頃，エリクソン夫妻は，「時間拡張」を「時間圧縮」と比較したいくつかの刺激的な実験をおこなっていた。これらの成果によって増刷よりも再版（1959）が求められた。これがエリザベス・エリクソンが夫と共同作業をした最初ではなかった。実際，彼らが初めて出会ったのは，1935 年ウェイン州立大学で彼女が彼の研究の助手をしたときであった。1938 年に，彼らは，「偽陰性残像による幻覚的色覚の催眠誘導 The hypnotic induction of hallucinatory color vision followed by pseudo-negative afterimages」という論文を**実験心理学雑誌** Journal of Experimental Psychology （22: 581-8）に発表した。彼らの時間歪曲に関する研究は，**アメリカ臨床催眠学雑誌** The American Journal of Clinical Hypnosis （1958, 1: 83-9）にも発表された。

第 1 章　ミルトン・H・エリクソンの生涯　35

　これらの共著論文は，共同作業が文字通り精力を傾けて研究を追求したものであることを示している。エリクソン夫人は，それにとどまらず，エリクソンの生涯を通して多方面の真の協力者であった。ときおり，エリクソン夫人は，催眠を実際におこなって見せるなどのために，面接に加わるよう求められることもあった。また必要とされたときは，彼が痛みをどうにかしようとするのを協力した。また彼女は，**アメリカ臨床催眠学雑誌**の編集と校正という激務をエリクソンが創刊し編集主幹を務めた 10 年間おこなった。世界中からの訪問客のもてなしもおこない，もちろんエリクソンが出張しているときには，子どもたちの世話は彼女の肩にかかっていた。彼が亡くなったあとも，彼の仕事のフォローを続け，ミルトン・H・エリクソン財団理事会の創設メンバーとなった。財団によっておこなわれる学会での彼女の存在と開会式での発言は，会の進行により一層の深みを与えてきた。

催眠時代到来

　1957 年に，アメリカ臨床催眠学会が設立され，エリクソンは，その最初の 2 年間会長に就いた。彼はまた，**アメリカ臨床催眠学雑誌**を創刊し，1958 年から 1968 年の間編集主幹を務めた。この二つの出来事は，催眠がその正当性を認知され，受け容れられたことを示している。これは 20 世紀のはじめには考えられもしなかったことだ（催眠については第 3 章で詳述する）。専門家の間で催眠が受け容れられたのは，その少なからぬ部分は，エリクソンが催眠現象を探求する際にもちいた研究方法によるものであろう。

　1950 年代の終わり頃，エリクソンは，国内外を問わず，催眠についての講演，ワークショップ，セミナーをおこなうために飛び回っていた。彼の深いトランス現象のデモンストレーションがこれらの目玉であった。エリクソンの催眠の専門家としての技量は，パントマイム技法の開発をもたらしたデモンストレーションによく示されている。

　エリクソンは，アメリカ臨床催眠学会の支部である臨床と実験の催眠研究

会 the Grupo de Estudio sobre Hypnosis Clinica y Experimental に招かれて，メキシコシティで講演をおこなった。講演間際になって，最初に催眠のデモンストレーションが予定されていると知らされた。被験者は，英語の話せない（エリクソンはスペイン語が話せない）看護婦で，エリクソンがどんな人で催眠がどんなものかまったく知らず，ただアメリカ人の医者に黙って協力すればよいと言われていた。彼女はとても大切に扱われるから，と安心させられていた。催眠によって引き起こされた聾状態の被験者を扱った経験を思い起こしながら，エリクソンは，看護婦が心細く，理解したいと熱望し，どんな非言語的（パントマイム）コミュニケーションも逃すまいと心の準備ができていることを確信した。トランス誘導（と講演）は成功を収め，パントマイム技法が生まれた。このようなことに神秘性はまったくなかった。エリクソンは，利用の達人であり，トランス現象を引き出すために言語的コミュニケーションだけを頼りにするようなことは決してなかった。

1961 年には，エリクソンは，シーモア・ハーシュマン Seymour Hershman, MD., アーヴィング・セクター Irving Secter, DDS. と『**医科歯科催眠の臨床応用** The Practical Application of Medical and Dental Hypnosis (New York: Julian Press)』を出版した。ハーシュマンとセクターもアメリカ臨床催眠学会の創設メンバーであった。この本は，学会が主催した教育的なワークショップで使用される目的で書かれた。

1960 年までに，エリクソンは，90 編を超える論文と 2 冊の著書を発表し，彼の催眠における業績は世界中に知られるようになった。その結果，多くの人たちが，彼のもとに助言を求めて訪れるようになった。たとえば，グレゴリー・ベイトソンとともにコミュニケーション理論を研究していたジェイ・ヘイリーとジョン・ウィークランドが，ダブルバインドを理解する上で役立つと思い，催眠におけるコミュニケーションについて学ぶためにエリクソンを訪ねた。彼らは，エリクソンと患者の関係と「統合失調症を引き起こす schizophrenogenic」母親のコミュニケーション・パターンに相似性を見いだしていた。すぐにヘイリー，ウィークランドとエリクソンの間にその後も

第1章　ミルトン・H・エリクソンの生涯　37

長らく続いた協力関係が生まれた。彼らの議論は記録され，ヘイリーによって全3巻に編纂され，『ミルトン・H・エリクソンとの対話 Conversations with Milton H. Erickson, MD.』として1985年に出版された。その出会いからヘイリーは，深くエリクソンに影響を受けるようになった。同じように，1973年にヘイリーの『アンコモンセラピー Uncommon Therapy』の出版が，心理療法家たちにエリクソンの業績を知らしめ，多大な影響を与えた。アンコモンセラピー以後，エリクソンへの注目は飛躍的に増大した。

　ヘイリーやウィークランドの歩みに他の者たちが続いた。1972年，アーネスト・ロッシは，彼の患者の一人から強く勧められて，南カリフォルニアからフェニックスまでエリクソンに会うために旅立った。このとき以来，二人の関係はエリクソンが亡くなるまで続き，エリクソンの発想と技法を整理した一連の共著が生み出された。何年にもわたり，エリクソンから学んだ多くの専門家，ポール・ワツラウィック，ジェフリー・ザイグ，リチャード・バンドラー，ジョン・グリンダー，ウィリアム・オハンロン，スティーヴン・ギリガン，スティーヴンとキャロルのランクトン夫妻など，が心理療法界に影響を与え続けている。なお，エリクソンの心理療法家たちへの影響については，第5章で詳細に述べる。

ヘイワード・ストリート

　エリクソンは1970年にヘイワード・ストリートに引っ越してからは，臨床の第一線から退いた。彼も驚いたことに，3番目のキャリア——教育者としての——が始まった。（最初は，研究者で，2番目は臨床家だった）世界各国から生徒たちが，エリクソンのつつましい家に1975年頃から亡くなる1980年まで集まって，教育セミナーを受講した。彼の予定は，その後もぎっしりと詰まっていた。そのセミナーの一つは，ジェフリー・ザイグによって記録，編集され，『ミルトン・エリクソンの心理療法セミナー A Teaching Seminar with Milton H. Erickson』として1980年に出版された。

新しいメインストリーム

1967 年に車椅子が必須となってからも，エリクソンは診療を続け，共著の本や論文を著し，1970 年代には教育をおこなった。彼が心理療法界に与えた影響は計り知れない。

ヘイリー（1993）は，エリクソンの生涯の間に起きた心理療法における変化について書いた。1950 年代には，エリクソンの治療法は，変わったもので論議を呼ぶ一般に受け入れられていた主流から外れた異端であったが，彼が亡くなったときには，彼は心理療法の大きな流派の創設者と目され，彼がメインストリームとなった。彼は変わっていなかったが，心理療法のやり方の方が変わったのだった。家族の問題は，個人療法よりも，家族と面接をして解決がはかられることもおこなわれるようになった。患者によって治療の場にもちこまれた問題は，深層に横たわる病理の代理とみなされるよりも，治療にとっての焦点であると考えられるようになった。治療法の選択は，理論的バイアスによってではなく，患者と問題の性質によって決定される。そして短期の治療が受け入れられただけではなく，望ましい選択と考えられるようになった。

ヘイリーは，エリクソンがこの領域の変化に深く関与しているとは述べていないが，あきらかに彼は影響を与えた。おそらくより真実に近いのはこうである。心理療法の発達において，エリクソン以前の人たちは，人間の心的機能についての考えを明確にするような強固な臨床的土台を築いてきた。精神力動的心理療法は，発達や無意識のプロセスが重要な影響をもつという考えをもとに発展した。行動療法は，心的機能は先行刺激に対する学習された反応にしばしば左右されるという考えをもとに発展した。認知療法は，人のビリーフ・システムという考えを提出している。論理療法は，対人関係的機能についての考えを述べている。簡潔に言えば，さまざまな流派，学派は人間の心的機能のさまざまな側面を記述している。エリクソンは，患者の本質

をよりはっきりと見るために理論を遠ざけ，介入法を彼らのニーズに合わせた。彼は，人格に関する明白な理論は，あらゆる旅人に同じように合わせることを強いたギリシャ神話のプロクルステスのベッド——その人がベッドより短ければ長く引き伸ばされ，長ければ余った足を切り落とされる——と同じようなものであるとみなしていた。

エリクソンは，患者のニーズとリソースにもとづいて治療をおこなうモデルとなった。エリクソンが偉大であったのは，患者の意識と無意識のリソースについて，それからそのリソースを動員する方法について信じられないほどよく理解して，治療をおこなったからである。彼は，催眠，アセスメント，観察，利用そして強い影響力のある劇的なコミュニケーションの達人であった。これらの特徴は何より患者のために役だった。彼の業績に信用を与え，心理療法界に多大な影響を与えたのは，研究者そして著作家としての能力によってであったのであるが。

エリクソンは，1977年に国際催眠学会のベンジャミン・フランクリン金賞の最初の受賞者となった。同年，**アメリカ臨床催眠学雑誌**は，彼の75歳の誕生日を祝って特集を組んだ。マーガレット・ミードはその特集に特別に寄稿した。彼は，八つの学会のフェローで，アメリカ神経精神医学会の認定医であり，イギリス，日本，アルゼンチン，スペイン，ベネズエラの7学会の名誉会員であった。彼は，生前に合計147の本と論文を発表した。彼と彼の業績に関する本は数え切れないくらいある。

1980年3月25日，ミルトン・ハイランド・エリクソンは永眠した。亡くなる寸前まで，比較的健康で，精力的に教育に携わっていた。彼は，1980年12月に開催された第1回国際エリクソニアン・アプローチ学会の計画にも関わっていた。彼の訃報を知り，学会が開催されるかどうか多くの問い合わせが寄せられた。主催者は，計画通りに開催するという正しい選択をし，2,000人以上の人の参加が得られた。それ以来，6大会が開催され，第7回大会は，1999年におこなわれた。

1979年フェニックスに設立されたミルトン・H・エリクソン財団は，現

在もなおエリクソンの功績を広めており，エリクソンの業績に関心をもつ人たちにとってのリソースとなっている。現時点で，世界中に80以上のエリクソン財団支部が設立されている。エリクソン財団はまた，毎年学会を開き，ブリーフサイコセラピーのような特別なテーマに関する講演も講師を招いて行っている。また，エリクソン財団では，1985年から5年ごとに，心理療法の発展会議 the Evolution of Psychotherapy Conference を開催している。この会議では，心理療法各派の著名な第一人者を集め，講演，デモンストレーション，討論，対話をおこなっている。この会議は，統合と成長のまたとない機会を生んでいる。エリクソンはきっと賛成してくれたにちがいない。彼は貪欲な学習者であり，統合的な治療法に価値を置いていたから。

注
1）エリクソンは，ポリオ後症候群に罹っていたと思われるが，彼の存命中には，そう診断されなかった。

第2章

エリクソンの貢献

人類学は，すべての心理療法家が学び知っておくべきものだと思います。
Milton H. Erickson（Zeig, 1980: 119, 心理療法セミナー: 184）

エリクソンの主要な貢献

35歳の既婚女性がエリクソンのところへ診察にきて，飛行機恐怖症なの
だが，仕事でダラスまで飛行機で行く必要がある，と訴えた。彼女には，10
年前に乗っていた飛行機が事故で胴体着陸したという体験があった。そのと
き以来5年間，彼女は飛行機に乗り続けたが，空を飛ぶごとに次第に恐怖が
ひどくなっていった。飛行機が着陸するとたちまち彼女の症状は消え去った。
その恐怖は，あまりに激しいため何も聞こえなくなるほどで，さらに身体中
震えてひどく汗をかいてあまりに消耗するので，行程の計画には，8時間の
睡眠と着替えのための時間を組み入れねばならないほどであった。ついに彼
女は，飛行機に乗ることをやめた。彼女は，エリクソンに，催眠を使って，
彼女の恐怖を克服させてほしい，自分はよい催眠被験者だから，と話した。
催眠を試みたあとで，エリクソンは，もし彼女がどんなことでも言うとおり
にすると固く約束するなら，治療をおこなってもよいと伝えた。彼女は，5
分間よく考えた後，同意した。エリクソンは次に，彼女がトランスに入って
彼女の無意識が同意する必要があると伝えたところ，彼女はより速やかにそ
うした。トランス状態で，彼女は，約1万メートルの上空を飛んでいるとい
う幻覚をおこすよう指示されると，症状が完全に現れた。彼女は，「さて，

これから飛行機を下降させなさい，すると地面に到着するまでに，すべての恐怖，恐怖症，不安，悪魔のような激しい苦痛は身体からすべり出て，あなたの隣の椅子の中に入り込んでいくでしょう」と言われた。彼女はトランスから目覚めて，その椅子を見ると，部屋の反対側へ駆け出し，叫んだ，「そこにいる！　そこにいる！」エリクソンが妻に入ってくるよう言って，彼女にその椅子に座るよう言うと，患者はエリクソン夫人がそうできないよう必死に制止した。

　それで，エリクソンは患者に，彼女の治療が終わったことと，ダラスまでの往復の飛行を楽しみ，空港から飛行をどんなに楽しんだか電話してくるようにということを話した。彼は，その椅子の写真を露出を変えて３枚撮り，彼女に飛行機に乗る前に送った。露出不足の写真には，「虚空に消えゆくあなたの恐怖の永遠の休息所」と記した。露出過度の写真には，「忘却の暗闇へと降り行くあなたの恐怖，恐怖症，不安，悪魔の苦悶の永遠の休息所」と書かれ，適正露出の写真には，「あなたの恐怖，恐怖症，不安の永遠の休息所」と書かれた。彼女は指示通り，空港から電話して，とても素敵なすばらしい旅をすることができたと報告した。エリクソンの求めに応じて，彼女はエリクソンの学生たちに自分の話をすることに同意した。

　彼女が学生たちに会うために着いたとき，彼女はあの椅子を避け，さらに誰もそれに座ってはならないと主張した。彼女が，最近飛行に乗った体験について詳しく説明したあとで，エリクソンは彼女をトランスに入れ，サンフランシスコまでの飛行機の旅の幻覚を見せた。そして彼女はそこで，車を借り，金門橋までドライブし，車を停め，橋の真ん中まで歩いて行き，下を見るように暗示された。エリクソンは，彼女を橋の真ん中にとどめて，橋の歴史を話して聞かせ，霧が立ち込めてきて橋を包み込んでいく様子を描写した。それから彼女はトランスから目覚め，サンフランシスコへの旅について話した。彼女は，トランスの中にいたのであって，実際にサンフランシスコへ旅したのではないということを，みなにその旅を説明した後で気づいたのだった。

彼女は，ダラスへの旅で克服した他の問題について学生たちに話すよう求められた。彼女は当惑し，他に問題はないと言った。エリクソンは彼女に，簡単な質問をしよう，すると意味がわかるだろうと言った。「ダラスについて最初にしたことは何ですか」「あー，あれね」と彼女は返事をした。「40階建てのビルに行き，エレベーターに乗って，1階から最上階まで行きました」過去，彼女は，恐怖のため，各階ごとにエレベーターを乗り換えなければならなかった。エリクソンは学生たちに，彼女の症状を注意深く聞いていくと，彼女は，飛行機を恐怖していたのではなく，閉じ込められた，目に見える支えのない空間（飛行中の飛行機，エレベーター）を吊り橋と同じように恐怖していたということに気づいたと説明した（Zeig, 1980）。

オリエンテーション

今述べた症例報告で示されているように，エリクソンの介入はしばしば正統的ではなく，短期で効果的である。これらの介入は，人格や治療の理論からではなく，患者と治療状況へのオリエンテーションから生み出されたのである。

第2章では，エリクソンの業績を理解するための歴史的文脈を提示し，エリクソンが彼の仕事を理論体系化することを拒否したことを説明し，彼の治療へのオリエンテーションを特徴づける六つの基本原則を解説する。

その六つの基本原則は，

1．無意識は，治療プロセスを促進する重要な手段の一つである。

2．問題は，非病理学的見地からとらえられ，人生の変わっていく要求に適応するための試みの結果と考えられる。

3．治療者は，治療プロセスにおいて積極的，指示的役割を担ってもよい。

4．永続的変化は，しばしば宿題（out-of-session assignments）を通して面接室の外で体験したことから起こりうる。

5．ほとんどの場合，患者は，自らの問題を解決するための適切なリソー

スや強さや経験を備えている。

6．効果的な治療は，患者の問題，生活，行動，能力を活用することにも
とづいている。

対比

　エリクソンの心理療法の分野への貢献を理解するためには，彼が専門的研究を始めたのは1920年代初期で，当時は，フロイドの精神分析理論が支配的であり，学習（行動）理論やヒューマニスティック・アプローチはよちよち歩きであったということを想起しておくのが役立つだろう。エリクソンの無理論的戦略的指向性は，当時実践されていた心理療法の主流の考えから遠く隔たったものであった。エリクソンが示した治療モデルは，今日おこなわれている多くの治療法の先駆けであることが証明されてきたと言えるだろう。伝統的精神分析の考えは，物事をなぜそうなっているかを決定するための理解方法であるので，「身体ベース」モデルと概念化できるかもしれない。エリクソンの指向性はより「人類学的」で，個人の文化や適応の仕方と深く関わっている。

　当時受け入れられていた治療と異なっていた他の点として，エリクソンは，他の治療では一般的であった「根本原因」を探求することよりむしろそのときの症状に焦点を当てることの重要性を示したことが挙げられる。彼は，症状を未遂の適応 attempted adaptations ——もはや効果的ではなくなった対処の努力とみなしていた。エリクソンの同時代人は，症状の深い原因が明らかにならず解決されないならば，単に別の問題が生じるだけではないか（症状置換）と恐れた。エリクソンは，治療にもち込まれた問題を克服することで，患者は成長し変化を生み出していけるようになる——「雪だるま効果snowballing」が生じ，生活全般によい変化が起こるようになる，と信じていた。主たる問題の解決が，他の問題を克服するためのリソースを動員するようになる。

　エリクソンは，精神分析を研究し，よく理解した。初期のいくつかの論文

には，分析的傾向が見られる。しかし結局，治癒を達成するために解釈をもちいて洞察を引き出すということに頼る受け身的な精神分析の方法は，あまりに時間がかかりすぎると考えるようになった。それでもなお，無意識を患者の心の働きを決定づける最大要因とするフロイドの初期の公式は，患者を理解し治療しようとする上で，エリクソンに影響を与えたかもしれない。一方，エリクソンは，無意識を単なる洞察を得るために探求されるべき記憶の倉庫とは考えず，治療に利用可能な強力な援軍と考えた。彼は，治療過程に無意識を参加させる——しばしば催眠を通して——新しい独自の方法を開発した。

　エリクソンは，カール・ロジャース Carl Rogers のヒューマニスティックな指向性からも離れていった。エリクソンは，患者を尊敬し，彼らの能力や強さやリソースを問題の解決のためには必須なものと考えた。エリクソンの方法はしかしながら，ロジャースの来談者中心のアプローチとは根本的に異なった。ロジャースは，治療者が純粋で受容的で共感的であるなら，それだけで治療に必要なものは十分であると確信していた。したがって，治療者が中立的であり続け，患者にリードさせるならば，治っていくであろうということだ。それとはきわだって対照的に，エリクソンは指示的であった。彼はしばしば患者に面接室外の環境で課題を実行させたが，このことは来談者中心療法に必須の受容と共感によって必ずしも特徴づけられるものではない。

無理論的アプローチ

　エリクソンは，終生他のいかなる心理療法の流派とも連携をとらなかっただけではなく，彼の治療が硬直した体系や学派の教義の中に編み込まれないことを望んだ。彼は，どんな理論モデルであれそれを採用したら，治療者が焦点を当てるべき患者の心の働きのさまざまな側面を狭く限定してしまうと強く感じていた。また変化を生み出す個別の方法にも制限を加えることになる。エリクソンは，産科医が出産ごとに鉗子を使うことにたとえて，計画化された治療マニュアルを避けた。エリクソン流の考えでは，理論に束縛され

た治療は，各個人や彼らの内的資源に適切に敬意を払うことができないとされる。彼は患者一人一人のために，その患者に特有な状況にもとづいて，新しい治療を発明しようとした。

エリクソニアン・アプローチは，人格や治療の理論ではなく，むしろ治療者が患者に患者の世界で出会えるようにする原則から生み出されるものである。エリクソンは彼の治療法を，デモンストレーションを通して，また重要なポイントを示すために症例のストーリーを語ることで教えた。このスタイルによって彼は，やがて規範として受け取られるようになるかもしれない断定的発言（「強迫症者を治療するときには，こうすべき」というような）をせずに教えることができた。その代わり，彼の説明は，治療のさまざまな要因の重要性を強調した。たとえば，鋭い観察の価値，患者の認知の枠組みと動機を進んで理解しようとすること，症状のシステム的作用への関心，患者の強さとリソースを引き出す介入法を工夫する際の創造性，変化を生む初期要因としてのコミュニケーションへの気づきなど。要約すると，エリクソンの「無・理論」は彼の方法や技法に埋め込まれており，それらはこの章の残りの部分で詳細に検討されるあの六原則に由来するのである。

治癒力（Healing Agent）としての無意識

エリクソンは，無意識——患者と自分自身の——に敬意を払った。彼は，治療過程における重要なリソースとして両者の無意識を信頼していた。

治療者
エリクソンは，大学時代に自己催眠状態で論説を執筆した経験から，無意識の創造力を確信し，面接にもこの創造の源を利用しようとした。彼は，トランスに入った方が患者をよりよく理解できると思ったとき面接中に自己催眠トランスに入ったことが何度かあると述べた。彼は，トランスに入っておこなった面接を理解するために，そのとき書かれた症例の記録を読み返した。

彼は，「私は，面接について健忘しています。ただ，ペンをとり，気づいたことを書き始めるのです。それを意識するために，書き留めたものを読むのです。とても喜ばしい体験です」（Haley, 1985a）。

エリクソンはまた，他の国からやってきた知的に洗練された名高くかなり傲慢な精神科医をトランスに入って治療した経験を語ったことがある。エリクソンは，その患者は自分の無意識ほど賢明ではないと判断し，初回面接の際，無意識が導いてくれるのを期待して治療にのぞんだ。ひとたび面接がはじまると，彼はあらゆる記憶を失い，2時間後気づいたときには，部屋に一人でいて，机上のフォルダーの中に治療の記録が綴じられていた。2回目から13回目の面接は同様に進んだ。14回目の面接の途中で，突然その患者はエリクソンの状態に気づき，「エリクソン，君は今トランスに入っているのか」と叫んだので，エリクソンは驚いて普通の覚醒状態に戻った。そして残りの面接はすべて覚醒状態でおこなわれた。

エリクソンは決して初回から13回までの面接の記録を確かめようとしなかったが，アーネスト・ロッシがそれを調べた。ロッシの結論は，それは治療者が書くであろう一般的な記録以上でも以下でもなかったというものであった（Rossi et al., 1983）。私たちは，この自己催眠下での治療は，日常生活に戻れたことからこの優秀な患者にとって満足のいくものであったに違いないと結論を下すこともできるだろう。

エリクソンの無意識への信頼は，何か啓示を得るために「全知の無意識」を信仰するようなある種の「ブードゥー voodoo 心理学」といったものではない。彼は何年もかけて意識的に，観察とコミュニケーションの技術を磨いたのである。彼は，精神分析理論や心理的機能や生理学を徹底的に学んだ。自己催眠状態で，彼は豊かな無意識のリソースを引き出したが，それはトランスパーソナル的なものではまったくなかった。彼の心理療法は，いつも科学的合理的思考をベースにしていた（E. Erickson, 私信, 1994）。

患者

　患者の無意識をリソースとして利用するとき，エリクソンは，無意識には独特の情報処理方法があるということを理解していた。ときに治療は，意識的な気づきを超えて無意識との共同作業の中でおこなわれなければならなかったが，それは無意識の方が意識的な洞察に先立って洞察を深めるからである。

　無意識はしばしば象徴的に話す。無意識の象徴性をしっかりと認識することは重要であるが，エリクソンは暗黙の意味を必ずしも明らかにしなくてよいということを指摘した。ジェイ・ヘイリーの質問に答えて，エリクソンは次のような出会いについて述べている。

　エリクソン：ある女性が私のところへ受診に来て，父親，母親，兄について根限りののしり，罵倒しました。彼女がそうすればそうするほど，父親，母親，兄について話しているわけがないとわかってきました。では，彼女は何について話していたのでしょう？

　ヘイリー：私に問うているのですね？

　エリクソン：彼女は何について話していたのでしょう。父親，母親，兄。父親は，神のように独裁者的に振る舞いました。母親は，あたかも人類の母のようでした。兄は，小さなイエスのようでした。ついに彼女に言いました。「父親，母親，兄を批判するのがどうにもわかりません。三部作 trilogy について話そうとしているように思えますが，その言葉は正しくありませんね。私には正しい言葉が思いつきません」三部作？　三つではあります。父親，母親，兄。父親，その独裁者的な振る舞い。母親，人類の母。兄，小さいなイエス。彼氏が彼女にカソリックに改宗してもらいたかったのですが，彼女には，三位一体 Trinity についての宗教的な葛藤があったのです。彼女は，プロテスタントでした。とても疑い深いプロテスタントでした。プロテスタントへの懐疑，カソリックへの懐疑。本当にその宗教的な疑問を解決したかったのです。彼氏への疑いとカソリックが何らかの関係があるとは思いたくなかったのです。彼氏についての話し合うときは，宗教のことはのけておきたかったのです。三部作？　三位一体？　そして私は，三部作が誤った言葉だ

と認めました。正しい言葉が思い浮かばなかったのです。

　ヘイリー：催眠について語っておられるかのようです。ときにちょっと間を置くのは，相手に言葉を補ってもらうためですね。

　エリクソン：そうです。さて，私たちは状況をすっかり改善しました。彼女は，宗教上の問題を解決しようとはしていませんでした。（Haley, 1985a: 76-7）

　このケースでは，宗教について話しているとは意識せずに，問題をそれとなくほのめかしている。エリクソンは，患者が象徴的に話すときには，そのことに気づいておくことが重要であると説いている。臨床家は，真の問題を理解しようとすべきだし，おそらくは同じような象徴的な言語を用いて理解したことを伝えるべきであろう。

　もうひとつの例。患者は，夫のために夕食を準備するときの感情を知らず知らずのうちにセックスに対する気持ちの象徴として語っていた。このケースでは，エリクソンはその状況を利用し，語られない問題を扱うために，テーブルを準備したり，肉の下ごしらえをしたり，食堂の雰囲気を整えたりすることについて話し合った。そうしてずばり，本当の問題はセックスであると伝えた。患者がセックスについての話し合いを切り出さなかったので，無意識の方にはその問題を扱う準備はできているが意識のほうはまだだと推測したのだった（Haley, 1985a）。

意識と無意識の分離

　エリクソンは，意識と無意識の違いについて詳しく述べた。無意識は毎日発見をしていてそれにあわせて行動を変化させていると指摘している。次にその例を述べる。

　日々の生活の中で人は無意識に洞察します。たとえば，あることを主張しようと準備万端整えて会議に臨みますが，突然，「さて，言う気が失せてしま

った。なぜだろう」と思います。本当になぜだかわからない。カソリックの
ある医者を憶えています。カソリック教会についていくつかの点で彼と私は
見解が異なっていました。彼は，検討会で症例を提示したとき，断種手術が
望ましいという意見を述べるのを忘れてしまいました。検討会が終わって，
私は言いました。「ヘンリー，どうして断種手術のことを話さなかったんだ
い?」ヘンリーは言いました。「しまった。検討会での主眼だったのに。断種
手術の同意をスタッフから得るために，あの症例を出したんだ。これでまた
次の検討会のときにあの症例を出さなければならなくなってしまった」「どう
して忘れたんだろう」「それがわからないんだ」「外来者が誰か来ていなかっ
た?」「いたよ。それがどうかした?」「彼らはどんなバッジを付けていた?」
彼は，わからないと言いました。「ちょっと待った。しばらく考えてみてくれ」
しばらくして，彼は言いました。「そうだった。何か付けていたのを思い出し
たよ。一般人の服を着ていたが，あれはカソリックのバッジだった」税金の
補助を受けている病院にカソリック視察員?　言葉にはなりません。無意識
の洞察です。そしてそれはいつでも起こっているのです。(Haley，1985a:
100)

　エリクソンは無意識とコミュニケートする方法を述べている。父親への怒
りを治療者のほうへ向けさせたほうが治療的なある若者がいた。エリクソン
は，患者の無意識だけに次の予約の日時を伝えることで，怒りを表出させや
すくすることがわかった。彼は，話題とまったく関係なく，ときおり日にち
や時間を言うことで，それをおこなった。この不合理な発言が怒りの表出を
促進させるとともに，無意識に次に来るべき予約日時を伝えたので，患者は
どうやって正確に知ったのかわからなかった（Haley, 1985a）。

症状に焦点を当てた非病理学的モデル

　そのときの問題とあきらかな症状に焦点を当てながら，エリクソンは，人
格を傷つけるような病気のレッテルを貼ることは避けていた。ポジティブな
アプローチには，多くの利点がある。症状や問題だけが解決されるべきもの

としたほうが，人格の大掛かりな変革が必要であるとするよりも，より成果が上がると仮定されている。このアプローチの暗黙の前提には，うまく働いているどんな側面も正当に評価するということがある。またこのアプローチは，病理にもとづくモデルよりも視野をずっと狭くするので，短期的な治療になりやすくなる。他の利点として，現在─未来指向の治療なので，患者の現実の生活により密接に関係するということが挙げられる。結果が目に見えて早く出る（それだけ勇気付けられる）。

　脱─病理学化の好例が，強い抑制症状をもつ女性を治療したときの説明に示されている。エリクソンは，さまざまな状況で起こる（特に就寝前によくみられた）アンの息詰め発作と彼女の理由のない恐怖を治した。彼女を神経症者（すなわち患者の病理）とみるのではなく，そのかわりにヘイリーとの話し合いの中で次のように語った。「彼女のあの恐ろしいほどの慎み深さ，あのひどい硬さ，激しい自己懲罰……。彼女は自分に攻撃性を向けたのです。それで，簡単にほかの人の犠牲になったのです」（Haley, 1985a: 145-6）。

人間，問題ではなく

　脱─病理学的に問題に焦点を当てることと，その人全体を見ることなく症状に近視眼的に焦点を当てることの間にははっきりした違いがある。エリクソンは，診断用語を使うことはできたが，それは問題の説明であって，人の説明ではないと考えていた。そのことが以下のジェイ・ヘイリーとジョン・ウィークランドとの対話中に示されている。

　　ヘイリー：さて，先生は，ほかの人のようには患者を分類しません。ある人が，ドアを開けて入って来ると，先生は，よく観察し，よく耳を傾けます。そしてその人を，ヒステリーとか強迫神経症などとは分類しません。
　　ウィークランド：先生はできるのでしょう。でもそんなことは，先生の実際的な分類において，あまり重要ではないように思えるのですが。
　　ヘイリー：先生は，患者が何を必要としているのか，あるいは先生が何を

しようとしているのかによって分類する方法をおもちだと思うのですが。

エリクソン：そうです。患者が部屋に入ってきます。ヒステリーかもしれないし，あるいは強迫神経症，あるいは統合失調症か躁うつ病かもしれません。いずれにせよ，大事なことは，治療をそのような診断に合わせようとすることではなく，これやあれができるということであなたたちに示している彼らの潜在能力が何なのかということなのです。(Haley, 1985a: 123-4)。

エリクソンは，確かに，その人全体を見た。実際のところ，夫ボブ・グールディング Bob Goulding とともに再決断療法 Redecision Therapy（ゲシュタルト療法と交流分析の統合）の草分けであるメアリー・グールディング Mary Goulding はかつて述べている，「ミルトン・エリクソンでよく見逃されていることは，彼が偉大な見立て家だった，ということね」(M. Goulding, 私信, Nov. 1994)。

症状は保護的に機能する

症状は，問題であるとも保護的な機能であるとも見ることができる。先に述べたアンの場合は，治療によって，アンがベッドの中でうまくできるようになったので，彼女の慎み深さを守っていた息詰め発作はもはや必要なくなった。彼女は症状を保有することができ，必要な場合には出現した。好ましくない来客の訪問がある間は，発作が起き，ついには彼らは訪問をやめた。エリクソンは，症状は保護的な機能であるだけではなく，いつか完全によくなって患者によって症状が捨て去られるまで，ある程度残しておくように注意を払われるべきであると考えていた。彼は次のように語った。

あまりに多くの心理療法家や医者が患者の権利を見過ごしています。彼らは，生理痛に苦しむ少女を救おうとして痛みを完全に取り去ろうとします（たとえば，感覚脱失暗示によって）。生理痛の苦しみからやって来るどんな女性にも，私は，彼女たちが，どう考えても，生理痛から開放されたいと願

っていることはよく理解していると伝えます。しかし，彼女の人生において，彼女が痛みの期間を望むということが，起きるかもしれません。生理痛を訴えることで，社会的な責務から逃れたいと思うかもしれません。大学の試験を休みたくなるかもしれません。仕事で，特別休暇がほしくなるかもしれません。ですから現実的になりましょう。生理痛がないほうがよいときには，それから開放されたいと思うのです。無意識は，意識よりもはるかに賢いのです。少女が生理痛のためにやってきます。そしてあなたは，穏やかだが軽率に，痛みから解放される暗示を与えます。すると彼女の無意識には，問題がきちんと理解されていない，とわかるのです。あなたは，月経のある生物としての彼女に，痛みから解放されると言っているのです。彼女は，やがて結婚し，子を産み，生理の中断があるということを知っています。そしてあなたの与えた暗示には，そのようなことは一言も触れられていないので，彼女が新しい月経の歴史を始めたあともその暗示は適用されます。彼女は，あなたが自然なことの成り行きを考慮に入れていないので，痛みからの解放を拒否します。彼女は，そのことを無意識に知っているし，生理の中断は決してないであろうというあなたの前提のためにあなたを軽蔑します。しかし，生理の中断はあります。具合が悪くなるかもしれません。過去，具合が悪くなって，生理が中断したかもしれません。そして，無意識は，あなたに助けてほしいので，自分をさまざまな出来事に遭遇するであろう個人として考えてほしいのです。彼女に生理痛の特権を与えるなら……，それをもっておく特権ももたないでおく特権も与えるのです。それからは彼女の選択になります。彼女が自分に属していると感じているものを強引に取り上げてはいないのですから。都合のよいときにやめて，都合のよいときに続けるという機会を提供しているのです（Haley, 1985a: 14-15）。

積極的で指示的な治療者の役割

エリクソンは，彼が臨床をはじめた頃広まっていた精神力動的心理療法や来談者中心療法とは対照的に，ときには患者に指示的な役割をとった。考え方やビリーフを改善しようとする認知療法や個別に行動処方をおこなう行動療法でさえ，治療者が指示的であることを控えようとする。しかしエリクソ

54

ンは，患者はいつでも助言を受け入れるか拒否するか選択できると理解していたので，患者に有益な助言や指示的な介入を自由におこなった。彼は次のように説明している。

エリクソン：同僚が，牧師が精神分析を受けに来て，売春宿のはしごをしようと思っていると言ったと，言いました。同僚は，よく考えました。この人には，それなりの背景と現在の職業があるのですから。もし彼が売春宿へ行って，こっそりと女を抱いたなら，性病にかかるかもしれません。もし私が，精神分析理論にそむかなかったなら，そして急がなくてよい，慌てなくてよい，そうすべきではない，と助言せず，その気をくじかなかったなら，その人の人生を破綻させてしまうかもしれません。そのとき友人は，踏み込む決心をしました。

なぜ，女性が情事をもとうとするのをとめずにその意図について話し合わなければならないのですか。あらゆる社会的な接触を断ち，故郷を離れ，見知らぬ町で生活している完全に引きこもった状態の男性に，なぜ，楽しくなごやかに付き合える女性を紹介して，昼食を一緒にするよう話してはならないのですか。なぜ，絶望的になって部屋で悶々とさせるかわりに，教会の聖歌隊に入るよう示唆してはいけないのですか。私はじっと待って，何日も，何カ月も，何週間も，何年も無為に過ごさせなければならないのですか。私は，患者に社会に反するような助言は決してしようとは思いません。ふしだらな男に不倫をそそのかすようなことはしません。彼に本当に興味をもっているのかどうか問いただし，自分の衝動を吟味させ，心から望んでいるものが何か考えさせるでしょう。本当は女性とのよい関係を望んでいるのでは，と尋ねるでしょう（Haley, 1985a: 103-4）。

より速いペースで

指示的な役割をとることは，治療のペースにあきらかに影響を与える。より長期的な治療法では，行動が変化する前に，患者が洞察を得る必要がある。エリクソンは，通常行動の変化が先でそれに洞察が続いて起こるような方法をもちいた。エリクソンは，ジェイ・ヘイリーとジョン・ウィークランドに，

激しく争う夫婦について語った。

エリクソン：17年間，彼らは変わっていません。彼らは力を合わせて
500万ドルの事業を築き上げてきました。彼らはがんばりました。朝の6時
から夜の10時まで懸命に働きました。それで得たものは，500万ドルの価
値がある事業でした。夫は妻を毎日のように，つらく口汚くののしりました。
妻も夫に同じようなことをしました。毎週日曜日には，彼は妻をモルモン教
の教会に車で連れて行きました。彼はモルモン教徒を嫌っていました。妻が
出てくるのを，彼は教会の外の車の中で待っていました。5年間，彼らは精
神分析家に——彼もまた分析家のところに定期的に通っていたのです——別
居や離婚のことを相談してきました。

　そして私が面接に参加しました。私は夫に言いました。「あなたはそこに座
っていなさい。そして口を閉じていなさい」妻に向かって言いました。「そし
てあなたはそこに座りなさい。そして口を閉じていなさい。私がこの状況を
要約します」私は，細かいことは大幅に省いて話しました。「さてあなた方は，
治療のため，相談して助言をもらうためにやってきました。残りの人生を喧
嘩し続けて過ごそうとどうしようと，ほとんど違いはありません。二人で決
めて別居しようと，法的に別居しようと，離婚しようと大した違いはないで
しょう。その三つのうちのどれかを必ず選ばなければならないというわけで
はありませんが，もし私から治療を受けたいのであれば，任意の別居，法的
な別居，離婚の三つのうちのひとつを実行するでしょう」彼ら二人は言いま
した。「そのことについては，もう5年間話し合ってきました」私は言いまし
た。「1週間以内にまた来てください。そのときに，あなた方がどうするのか
教えてください。では，次の予約はいつにしましょうか」私は彼に，子ども
を望むモルモン教の女性と結婚し，婚約の贈り物に精管切除をプレゼントを
するような自分のことをどう思っているのかと尋ねました。そして彼女に，
結婚の贈り物として欲求不満の妻をプレゼントする自分のことをどう思って
いるのか尋ねました。

ウィークランド：大事なことが隠されているように思うのですが。確かに
彼は非常に気難しい性格なのはあきらかですが，彼女がその彼との関係を続
けようとしているように思えるのです

エリクソン：彼女はどこかしら彼とお似合いでした。彼は婚約記念に精管切除を贈りましたが，彼女は対抗して結婚記念に完璧にふてくされた妻を贈ったのです。そして 17 年間いがみ合ってきたのです。私は，次の木曜日に彼らが何を話すか楽しみにしています。

ヘイリー：彼らはどんな決断をするでしょうか。あなたの予想は？

エリクソン：重要なことを省いていました。彼らは仕事場に寝起きする場所をもっていました。今は，職場のすぐ隣に家を所有しています。もし，別居か離婚をするなら，正真正銘そうでなければならないということを指摘しました。どちらかは，職場から最低でも 2 マイル以上離れたところに住むべきです。他方は，職場の住まいに住んで，夜間の監視と管理をおこなうべきです。また彼らがよく知っていること——仕事はしばしば突然割り込んでくるということ——を指摘しました。彼らはよく承知していました。それで職場の住まいには，夫が住むべきだと思いました。妻のほうはどこか離れたところに部屋を借りて住むべきだと思いました。仕事が，彼の住まいを与えてくれたのなら，仕事は彼女にもそうするべきです。彼が治療を必要するときはいつでも，私のところへ来るべきです。彼女が治療を必要とするときはいつでも，私のところへ来るべきです。仕事に代金は支払わせましょう。そしてお互いに等しく仕事からほどほどの給料を得ます。

ヘイリー：あなたの目標は彼らを引き離すことですか？

エリクソン：そうです。

ヘイリー：そしてよりをもどすのでしょうか，それとも本当に別れる？

エリクソン：彼らに最低でも 6 カ月間は，完全にきっぱりと別れて暮らすべきであると思うと話しました。お互いに熱烈に求め合っているのを発見するかもしれないし，心から憎しみ合っているのを発見するかもしれません。彼らが自分の本当の気持ちを発見できるのなら，どちらでもかまいません。任意の別居はいつでも中止することができます。法的な別居もいつでも中止することができます。離婚したとしても，いつでも再婚することはできます。まったく問題はありません。少々手数料がかかるだけです。私は，これまでとは違う土台をもとに二人が再婚するだろうということに賭けて，彼らを早く離婚するよう追い立てたのです。彼らは，いつ離婚するのか知りません。しかし，彼らがそういう行動を起こさない限り，本当の気持ちは発見できま

せん (Haley, 1985b: 149-51)。

眠るか働くか

　論文を調べてみると，エリクソンの介入の多くに指示がおこなわれている
と言っても差し支えないと思う。指示はしばしば単純であるが，患者をはっ
きりと正確に理解しておこなわれるので，その効果は絶大であった。

　不眠に苦しむ男性がエリクソンに治療を求めた。症状は，妻が亡くなって
からはじまった。夜中の間，もぞもぞと寝返りを打ち続けて，眠れるのは5
時から7時の間だけだった。息子と二人で家事を分担していた。患者は，木
の床を磨くのが，ワックスの臭いのために，嫌で嫌でたまらなかった，とい
うことがわかった。指示されたことは必ずおこなうという言質をとった後で，
エリクソンは，もし睡眠を8時間失ってもよいのなら，治すことができると
言った。その男性は，昨年から毎晩多くの睡眠時間を失ってきたので，同意
すると言った。彼は，パジャマを着て，一晩中床を磨くよう指示された。そ
うしても2時間の睡眠が失われるだけであるから。彼は，翌日朝から晩まで
働き，夜は一晩中床磨きをすることになった。そして4日間夜は同じように
床磨きをしなければならなかった。4日目の夜，彼は息子に，床磨きをはじ
前に15分間目を休めると言った。彼が起きたのは，朝の7時だった。それ
を聞いてエリクソンは彼に，家の中によく目立つところにワックスの缶と雑
巾を準備しておくようにと指示した。もし，眠るために横になって15分後
に時計を見れるようなら，彼は起き出して，一晩中床磨きをしなければなら
ない。その男性は，1年後も規則的に眠っていた。エリクソンのコメントは，
患者は，床磨きを避けるためなら，どんなことでも，たとえ眠ることであっ
ても，するだろう，というものだった（Zeig, 1980）。

　この症例への介入は，「中立的な」治療法がおこなうであろうやり方とき
わめて異なっているだけではなく，行動療法家が計画するであろう行動処方
ともまったく異なっている。

面接室の外での治療

問題にあわせた治療

　これまで述べてきた例からもわかるように，エリクソンは，多くの重要な改善は，課題をもちいることで面接室の外で起こりうると考えている。このアプローチには，実際的な理由もある。患者に面接の時間よりもかなりの多くの時間を治療のために費やさせるようになるため，より変化を促進させることができる。また，先に述べた不眠症のケースのように，もともとの状況の中で問題に立ち向かわせることができる。課題はまた，治療的作業の性質を抽象的なものから具体的なものへと変化させる。体験は，洞察や感情の開放といったものよりも治療的となりうるし，面接室の中では簡単に再現できないような成長を可能とする。

　エリクソンは，グレゴリー・ベイトソンとジェイ・ヘイリーに，フェニックス近辺のごく限られた道路しか運転できないボブについて語った。

　エリクソン：私はボブに尋ねました。「その通りを運転しようとするとどうなりますか？」彼は言いました。「ハンドルを握ったまま気を失います」私は，それが確かかどうか尋ねました。「はい。心臓がドキドキしだして，気を失います」「どうしてわかるのですか？」「以前，友人たちと一緒に車に乗ったことがあります。私が運転しようとしましたが，ハンドルを握ったまま気を失ったのです。それで，彼らが慌ててハンドルを操作しなければならなくなったのです」。

　それで彼への治療はこうでした。「ブラック・キャニオン・ハイウェイに行って，電柱に注意しなさい。なるべく遠くの電柱のところまでがんばって車を運転して行って，そのそばに車を停めなさい。それから，次の電柱を見ます。そこに行くのは，午前3時にしなさい。次の電柱を見たら，エンジンをかけて，ギアを入れ，その電柱に無事に着こうとしたときにエンジンを切るのにちょうどよい速さで進みなさい。それから電柱を過ぎるとあなたは気を

失います。気がつくと，スピードを落としていたので，路肩に停まっている
でしょう」私はそのハイウェイのことは知っていました。「気を取り戻すと，
次の電柱まで行けるかどうか考えてみなさい。ギアをローに入れ，エンジン
をかけ，クラッチを離し，エンジンが回転しだすと，エンジンを切り，そし
て気を失う前に3番目の電柱に着くかどうか見なさい」ボブがとても楽しん
だのがわかりますね。彼は，約20マイル進みました。

ベイトソン：彼がどのくらい進んだ？

エリクソン：約20マイルです。

ヘイリー：彼は何回気を失いましたか？

エリクソン：えー，数十回でしょうが，最後のほうでは，それを計算に入
れるようになりました。気を失う前にもう半マイル進めるだろうか，と。つ
い最近，ボブから手紙が来ました。「休暇旅行はとても楽しかったです。フロ
リダ，アラバマ，ミシシッピーを一周してきました。アーカンソウにしばら
く滞在したときのことを思い出しています」彼は全行程を運転しました。気
を失うことを進んで受け入れたことが，もっとも重要なことであったのがわ
かるでしょう。

ヘイリー：喜んで気を失う。

エリクソン：彼は，失神を運転する上での絶対的な障害とみなしていまし
た。それは，運転の障害ではありません。車のエンジンをかけ，ブラック・
キャニオン・ハイウェイに行くと，路肩に十分な余裕があるのがわかります。
とても広いハイウェイで，ずっとアスファルトで舗装されています。電柱か
ら電柱へ。とても快適です。車を始動させ，エンジンを切り，ギアをニュー
トラルに入れ，気を失う。車はまもなく止まります。

ヘイリー：失神することで進む。

エリクソン：その通りです。彼は，失神を次の一走りの出発点として利用
しました。それは終着点ではなく，出発点だったのです。わかりますね。彼
はハイウェイをドライブし，気を失いました（Haley, 1985a: 119）。

　面接室の外での課題がもちいられるのは，エリクソンにとっては通常のこ
とであった。ときにそれらは洞察をもたらすことに役立ち，ときに感情の解
放を生み，ときに永続していた行動のパターンを打ち破り，そして変化を起

こすことを本当には望んでいないものをふるいにかける。この心底から変化を望んでいないものをふるいにかけるという課題の作用は，非治療的として放棄されるべきではない。しばしば課題への直面化は，問題を続けることを選択するのかどうか見きわめるよう強いる。それで患者は，問題が続いてもよいということを選択しているのを理解できるし，もし今日問題を続けることを選べるのなら，明日には変わることを選べるだろうということを発見するかもしれない。

　他の心理療法，特に行動療法と認知療法も，面接室外での課題をもちいるが，それらは，個人個人に合わせる度合いや選択可能な介入法の豊富さの点でエリクソンの場合と大きく異なる。認知療法や行動療法の課題は，ある程度患者のニーズに合わせられはしても理論から導き出されるものであるが，エリクソンの課題は，患者の能力，強さ，リソース，特定の問題とニーズが織りなす相互作用を通して導き出される。実際の例を示すとわかりやすいかもしれない。論理情動行動療法モデル（認知/行動的アプローチ）の治療を受けている社会恐怖の患者が，百貨店に行って15人を相手にばかげたジョークを言いなさいと指示されることは，珍しいことではない。この「羞恥心をやっつける」練習の目的は，患者の社会と関わりあうことができないという考えをくつがえすことにある。この課題は，ある程度その人に合わせられることはあるだろう。たとえば，場所はその人の地域性によって変更されるかもしれないし（百貨店の代わりにあるスポーツの催しであるとか），対象の人は限定されるかもしれない（恥ずかしがり屋の若い男性ならば，年齢の近い女性だけに話しかけるようにとか）。いずれにせよ，これらの介入は「理論から導き出されたもの」（すなわち特定の問題には，特定の課題が割り当てられる）である。先に述べた不眠症患者への床磨きの課題を思い起こしてみてほしい。他の人であれば，その課題によってよくなるかどうか疑わしいであろう。創造的でその人にあつらえられた課題は，エリクソンの際立った特徴の一つである。

第2章 エリクソンの貢献 61

治療は，クライアントの能力と強さを引き出す

できることをおこない，次にできないことをしなさい

　エリクソンは，ほとんどの患者には，問題を解決するための十分なリソース，強さ，経験が備わっていると信じていた。彼は，患者が治療のためにどれだけ多くのそしてどういう種類の努力をおこなうことができるかということを鋭く観察し，治療方法を彼らの問題と同様に能力に合わせてあつらえた。先に述べたボブのケースと同じように車の運転に問題を抱えていた他の患者の治療を比べてみるとテイラリング tailoring（その人のためにあつらえること）がどういうものかよくわかると思う。

　エリクソン：彼女は，スコッツデイルの向こうまで通勤していますが，サイプレス通りの数マイル北のキャメルバックを車で通ることができませんでした。彼女はマクドウェル通りを通らなければなりませんでした。キャメルバックは通れなかったのです。イースト・トーマスはおそらく通れるだろうと思っていました。インディアン・スクールはキャメルバックに近すぎました。この二つの通りは，１マイル離れていました。バン・ビュレンを行くことはできました。でもキャメルバックとインディアン・スクールは通れません。トーマスは，通れるかもしれません。マクドウェルとバン・ビュレンは通ることができます。それで私は，もっとも確実な経路を提案しました。それはバン・ビュレンよりもっと南で，彼女の通り道から約５マイル離れています。帰宅するには，ばかげたやり方です。それから私は彼女に，ぼーっとしてみることをどう思うか尋ねました。「セントラルをくだり，マクドウェルに向かいますね。ぼーっと，パーム・レインを曲がってもよいのではないですか。できますよ。パーム・レインはマクドウェルと並行に走っています。ぼーっとマクドウェルを曲がって，それと並行して走っているイースト・ルーズベルトに入ったらどうですか。ただぼーっとしてそうしなさい。考えてみるととても楽しいですよ」。

　ヘイリー：この中に催眠が使われていますか？

エリクソン：たいてい，私が話すときは，いくらか催眠が含まれています（笑い）。「ぼーっとイースト・ルーズベルトに入ったらどうですか」それがすべてでした。「次は，イースト・バン・ビュレンを通る予定にして，バン・ビュレンの北にあるイースト・ルーズベルトにぼーっと入ってはどうでしょう。次は，バン・ビュレンを通る予定にして，ぼーっとその代わりにバン・ビュレンの1マイル北にあるマクドウェルを通ってはどうでしょう。右に曲がる代わりにぼーっと左に曲がってイースト・トーマスに入ってはどうでしょう」私は彼女にすべてやらせました。わかりますね。私は彼女に，ぼーっと北の方を，さらに北の方を通らせたのです。インディアン・スクールはさらに北です。イースト・ルーズベルトを通らせて，ぼーっとマクドウェルを横切らせました。ぼーっとトーマスを横切らせ，そしてぼーっと右に曲がらせインディアン・スクールに入らせました。彼女は，何をしているのか気がつく前に，家に着きました。

　それで解決しました。彼女が私にそのことの話をしているとき，私は彼女に，キャメルバックを通って家に帰って行く（go home）ことができないと言ったことをとても強調しました。彼女が死ぬ（go home）ような理由などありませんでしたが，彼女は，キャメルバックを通って家に帰って行くことはできないと絶対的に確信していました。私たちは，繰り返し，繰り返し，そのことを確認しました。彼女はキャメルバックから家に帰って行くことはできなかった。私がしたことは，ささやかな暗示を織り込むことでした。「もちろんあなたはキャメルバックを通って帰って来る（come in）ことはできます」（笑い）「しかし，キャメルバックを通って帰って行くことはできません」わかりますね。家のことを叩き込みます。「キャメルバックを通って帰って行くことはできません。あなたにはできません。あなたにはできません。あなたにはできません。もちろん，あなたはキャメルバックを通って帰って来ることはできます。でも帰って行くことはできません」何が狙いか決して忘れてはいけません。キャメルバックに慣れ親しんでもらうことです。できないことをとても強調します。そして仕上げをおこないます。心から患者に同調してきたので，わずかな隙間を作ることができるのです。キャメルバックを通って帰って来ることができます。それだけが望みです。ごく小さなことです（Haley 1985a:121-2）。

第2章　エリクソンの貢献　63

　エリクソンは，彼女の問題への思い込み（私はキャメルバックを通って家に帰って行くことができない）と「ぼーっとする」ことができるようになる能力と地理に詳しくないことを利用して，とても変わった介入法をつくりだしたのだ。

個人のためにあつらえる

　患者の人格的特性も，治療法をあつらえる上で考慮に入れられる。抑制の強いアンの治療と結婚して３年になる夫婦の例を比べてみよう。二人は，大学の教授で，とても礼儀正しく，明晰であった。大げさな言葉づかいで，彼らは，二人の熱烈であるが不首尾に終わっている子どもをもうけたいという望みを説明した。また彼らは，日に２回「夫婦間の結合」をおこなっており，それが週末には４回であり，「多産の望みをかなえるために完全に身体的な付帯条件を満たしている」ことを描写した。彼らは，できるだけ多音節語や学術用語を使用した。エリクソンは，彼らのように多音節語を使って話し，彼らのスタイルに合わせた。彼らは非常に硬直的で儀礼的であった。彼らの説明を聞いたあとで，エリクソンは，ショック療法で治療可能であると思うと述べた。身体的なショック療法と心理的なショック療法があるが，必要なのは心理的ショック療法であると彼らに話した。

　エリクソンは，彼らを二人だけにして，ショック療法を望むかどうか慎重に検討させた。彼が戻ったとき，彼らは準備ができていると言った。彼は彼らに，ショックを受けたあとは家に着くまで沈黙を守るように指示した。彼らにショックに備えるため椅子のアームを握らせて言った，「あなたたちは，多産の望みをかなえるため完全に身体的な付帯条件を満たして夫婦間の結合に従事してきました。さて，おまえら，なんでセックスを楽しまないんだい。３カ月ははらまないように悪魔にでもお祈りしときな。さて，もう帰っていいですよ」（Rossi et al., 1983: 205）３カ月後，妻は妊娠していました。

　ウィークランドとエリクソンはこのケースを抑制の強いアンの場合と対比している。

64

　ウィークランド：ところで，私が驚いたのは，この娘の場合には，主な印象なのですが，あなたは多かれ少なかれ一貫してずっと小刻みに前進し続けているということです。あなたはいつも抑制をきかせながら前へ進んでいます。だから一見矛盾した二つのことがいつもほぼ同時に穏やかに進んでいます。一方で私は，あなたが話してくれた夫婦のことを考えています。彼らは子どもを欲しすぎたために，性生活を楽しめませんでした。あなたは1時間半彼らに耳を傾け，突然言いました。「セックスを楽しんだらどうですか」一方は，緩やかな移行，そしてもう一方は非常に突然の移行のように思えます。

　エリクソン：そうです。しかし，もちろん，その夫婦には，私はショック療法が必要であると説明しました。さて，この娘（アン）は，恥ずかしがりやで臆病でひどく引っ込み思案で，息詰めとあえぎの発作で反応していました。あの夫婦は，お互いにいくぶん偏執的に反応していました。「もう彼のことはうんざりだわ」「もう彼女には耐えられない」性格のタイプが違うのがわかるでしょう。誰かが，自分の妻の前で，「彼女と愛し合うごとにだんだんうんざりしてきたんだ」というとき，ハードパンチを受けられる人なのです。彼はハードパンチを与えているのですから。妻が，夫の前で，「私たちは，よくがんばって子作りに励んできたけど，うまくいかなかった。私たちにはちっとも悪いところはないのにね。それで彼は私にとってもがっかりしているの」と言うとき，彼女もハードパンチを繰り出しています。自分たちの状況を真剣に説明するとき，悪意なく，ハードパンチを出し合える夫婦がいるのです。彼らが客観的な評価で攻撃しあえるのであれば，あなたもそうしてよいのです。ただ彼らの流儀に従うだけですから。

　ある女性（アン）がいて，彼女は必要以上にスカートのひだを気にし，何回も点検し，ブラシをかけます。彼女の慎み深さには，細心の注意を払うべきなのです（Haley, 1985a: 138-41）。

　介入の仕方が，相互に交換できないものであることは，明白であろう。アンは，おそろしいほどの抑制を失っていきながら，よくなっていった。夫婦は，1回の面接の介入でよくなって，数カ月の間に妊娠した。介入の仕方は根本的に異なっていたにもかかわらず，両者とも改善をみたのは，エリクソンがそれぞれの長所や限界をよく認識して利用したからである。

個人的なリソース，普遍的なリソース

　どんな人も長所とリソースをもっている。能力のうちいくつかは個人に特化したものであり，いくつかはより普遍的なものである。たとえば，音楽のトレーニングを受けたもののみが，ピアニシモ（ソフトなもの）がいかに（コミュニケーションにおいて）強力なものであるかということを思い起こすことからためになることを得ることができる。しかし，多くの人は自転車に乗ることを学んだ体験をもっており（失敗の繰り返しで上達していく），そこからリソースを引き出すことが可能である。エリクソンは，個人的なものも普遍的なものも利用した。

　事例　エリクソンの患者のおばがミルウォーキーに住んでいた。彼女は，すっかり落ち込んでしまい，孤立した生活を送っていた。彼女は，毎週教会には通っていたが，礼拝が終わると誰とも会話をすることもなくひっそりと帰った。患者の求めに応じて，エリクソンは，講演のためにミルウォーキーに滞在しているときにその婦人を訪問した。彼は自己紹介をして，念のために自分が医者であることを彼女に伝えた。そして彼女に頼み，家の中を案内してもらった。その間，彼は彼女がセントポーリアを栽培しているのに気づいた。1枚の葉が植えられて新しい花に成長していっていた。エリクソンは，セントポーリアが大変な気遣いを必要とすることを知っていた。彼は，帰り際に，「医者の指示」を出した。彼女は，多くのセントポーリアと栽培用の鉢，贈答用の鉢を買うように指示された。彼女の教会の人たちに，洗礼，出産，婚約，結婚，病気などがあれば，彼女はセントポーリアを贈らねばならなかった。この介入は，成功をおさめ，彼女は晩年には敬愛をこめて「ミルウォーキーのセントポーリアの女王」と呼ばれ，彼女の葬式には何百人もの人が列席した。この事例では，患者の個人的なセントポーリアの栽培家としての資質だけではなく，花の贈り物を喜び感謝するという社会の普遍的な特質もまた利用されている（Zeig, 1980）。

利　用

　エリクソンの治療の中で，重要な原則——おそらくもっとも重要な原則——は，治療場面に患者がもち込むものや存在するものは何でも利用することであると思う。言い換えるなら，利用とは，患者や環境のいかなる側面にも戦略的に反応しようとする治療者の準備性のことである（Zeig, 1992）。このことには，当然ながら，意識的と無意識的な申し出，リソース，長所，体験，能力（障害も！），関係性，心的態度，問題，症状，欠損，環境，職業，趣味，反感，感情……など（際限なく挙げられる）を含むが，その概念は，単純である。患者の生活に属するものは，治療目標を達成する上で有用となるであろうし，患者がもち込むものは，おそらく治療者がもたらすどんなものよりもより可能性に富んでいるであろう。

　エリクソンは，「**催眠による癒し** Healing in Hypnosis」に収められている講演の中で利用について次のように述べている。

　そのときどきの身体の状態との関係で患者がもつ感覚や考えや感情について考えておく必要があります。今朝，診察に入ってくると走り回ってまったくこちらに協力しない子どもについて質問を受けました。私の答えは，かなり単純です。私がその子どもについて認めるであろう最初のことは，彼の現実は，走り回るということに関する何かであって，私に協力するということに関する何かではない，ということです。子どもは動き回っています。そして私は，子どもが動き続けるほうがよいと考えます。なぜなら子どもは私と一緒に作業をしなければならないのですから。ではどのように子どもは私と作業をすべきでしょうか？

　私は彼に言います。「君は，このドアに走ってきているね，君はこっちに走ってきているね，君はあっちのドアに向かって走っているね，こっちのドアへ向かっているね，またあのドアに戻っているね」　その子どもは，私が彼にどこに向かって走るのか言うのを待つようになります。もし子どもが私と押

し合いっこをはじめたら（エリクソンは押す動きを実際にして見せる），右手で押しているね，次は左手だ，などと話すかもしれません。子どもは，やがて私が，「右手でもっと押して，さあ左手でもっと」と言うのを待つようになります。言い換えるなら，治療者は，患者の彼らの状況へのオリエンテーションを利用することを学ぶのです。何かを成し遂げさせるのは，患者自身の心的過程であることをよく肝に銘じておくべきなのです（Rossi et el., 1983: 104）。

患者がすでにもっているもの

利用はしばしばとてもシンプルで具体的である。うつ病で入院して経済的に破綻してしまった有能な実業家のケースでは，エリクソンは彼の手の動きの癖を最初の変化を導くために利用した。その男性は，反復的に両手を胸から前後に動かしつづけ，その間はずっと声を出していた。エリクソンは言った。「あなたは，人生の上り下りを経験してきましたね」そして彼に手をそれまでの動かし方の代わりに上下に動かすよう説得した。それから病院の作業療法士に協力してもらって，男性の両手に紙ヤスリを握らせて，その間に木材を置いた。それで彼は木材をきれいに磨くことができた。まもなく彼は，作業に興味をもつようになり，チェスを作ったところ，それが売れた。彼はよくなって退院し，その年に1万ドル稼いだ。当時としては大金である。このケースでは，エリクソンは，強迫的な手の動きを利用し，「小さな」変化を与え，症状を生産的なものにした。この介入には，「あなたは生産的である」というメッセージが込められており，患者は退院後も前進することができたのである（Haley, 1973）。

治療的文脈外における利用

若きジェフリー・ザイグがはじめて1973年にエリクソンのもとを訪ねたときの，帰り間際のことである。彼はエリクソンが木彫りの彫刻を好んでいることを知っていたので，彼が受けた教育への感謝の気持ちを表したいと望

んだ。彼はエリクソンに，流木の彫刻，あひるの首から上だけが完成しており，残りのあひるの身体はごつごつと掘られたままであった，を贈った。エリクソンは，静かに作品を眺め，その後彫刻と若者を交互に見つめ，一言言った。「現れつつある」彼は，贈り物の属性をも利用して，若者の進歩を認め励ましたのである。

エリクソンは，書いている。

　患者を援助したいと願う治療者は，決して患者のいかなる行為も，妨害的である，根拠がない，不合理であるなどの理由から叱責したり，非難したり，拒絶したりしてはならない。患者の行動は，診察室にもち込まれた問題の一部なのである。それは，その中で治療が効果をもたなければならないような個人的な環境を構成しているのである。また患者─医者関係の中で重要な推進力となるかもしれない。つまり患者が診察室にもち込むものは何でも，患者の問題の一部であると同時に治療を推し進める力でもあるのである。患者は，好意的な目で見られるべきであり，その全体性が把握されねばならない。だから治療者は，治療を進める上での基礎としてもちいられるものはどんなものも躊躇してはならない。ときに，と言っても一般に考えられているよりはるかに多くの場合だが，治療は，愚かしく，バカげて，不合理で矛盾に満ちているような患者の言動を利用して作られた基礎の上でのみ構築されうるのである。専門家としての権威ではなく，能力が必要なのである（Erickson, 1965a: 57-8）。

1959年に掲載された論文で，エリクソンは，強固な抵抗を示している聴衆の参加者に利用法を応用して見せている。

　医学生を相手に講義とデモンストレーションをおこなったとき，また別の利用法のテクニックをもちいた。講義の開始と同時に，ある学生が叫びだし講義の妨害をはじめた。催眠はインチキであり，筆者は詐欺師で，デモンストレーションで使われる学生は，前もって仕込まれているに違いない，と。

そこでもちいた方法は，次のようなものであった。その学生は講義中ずっと騒がしく反対の意見をまくし続け，筆者が一言述べるごとに正すようになった。それで講義は中断され，著者と妨害者の痛烈なやりとりの応酬が繰り広げられたが，著者の発言は，妨害者から言語的にも非言語的にも強い反発を引き出すよう注意深く選ばれていた。

　次のように筆者は話し続けた。静かにしていなければならない，二度と話してはならない，立つんじゃない，二度と詐欺師呼ばわりするんじゃない，通路に歩いて行ってはならない，講義室の前に出て来れないのだろう，私の言う通りにしなさい，椅子に座りなさい，自分の席に戻りなさい，騒がしいだけの腰抜けだな，前に座っている被験者を見るのが怖いのだろう，講義室の一番後ろに座っていなさい，前に出てくるんじゃないぞ，私と友好的に握手するのが怖いのだろう，静かにしている勇気がないのだろう，前の被験者用の椅子の近くに来るのが怖いのだろう，学生たちの方に向いて笑いかけるのは怖いのだろう，私を見たり，私の言うことを聞いたりできるものならやってみろ，その椅子のどれかに座ることなんてできないだろう，手は太ももの上にゆったりと置いたりせずに，後ろにもっていきなさい，腕浮揚はできっこないな，目を閉じるのは怖いのだろう，ずっと覚醒し続けていなさい，トランスに入るのが怖いのだろう，早く後ろに引っ込みなさい，トランスに入ることはできないな，軽いトランスでさえ入れないだろう，ましてや深いトランスには入れっこないだろう，などと。

　彼は，ことばでも態度でも，それぞれの誘導のことばに反論しながら，かなりゆったりしてきて，ついには，静になった。彼の反抗は，動作によるものだけとなり，著者に刃向かうという自分のパターンにとらわれていたため，夢遊トランス状態を誘導するのは比較的容易であった。それから彼は，その講義のとてもよい被験者となった。次の週末，彼は著者を訪ねてきて，個人的な不幸ないきさつや不人気について話し，心理療法を求めた。彼は速やかに改善を示し，成功を収めた（Erickson, 1959a: 13）。

　利用法の最後の実例は，しばしば述べられたエリクソンの当時7歳の息子アランについての逸話である。アランは，外で遊んでいたときに割れたビンで足を深く切ってしまった。すぐにエリクソンは，アランを落ち着かせ，痛

70

みから注意をそらそうとした。彼はアランの注意を長い間ライバル心を燃や
していた姉に向けさせた。エリクソンは，ベティ・アリスが以前してもらっ
ただけ傷口を縫ってもらってもらえるかどうかごまかされないように用心す
ることに，アランの関心を惹きつけた。彼は，局所麻酔を拒否しただけでは
なく，なるべく間隔を詰めて縫合をおこなえるようもっときつく圧迫するよ
う医者に要求した！　医者はもちろん驚いたが，重要なことは，アランの注
意が傷と縫合の痛みからそらされたことである。エリクソンは利用法に信頼
を寄せ，患者と彼あるいは彼女の独自性に敬意を払っていたのである。

　利用法の考えは，実質的にエリクソンのすべての治療やこの章でのべたす
べての原則に貫かれている。それはエリクソン流の心理療法の礎石である。

結　　論

　エリクソンの心理療法は，多くの点で伝統的な心理療法から袂をわかって
いる。彼は洞察を必須のものとして賞揚したりはしない。洞察は，必ずうま
くいったケースで認められるというものでもない。エリクソンは，いかなる
治療システムでもそれに固執すると視野狭窄を起こし治療の柔軟性が損なわ
れるという理由で，用心深く治療の理論家たちと一線を画した。そのため，
彼はみずからのやり方を人格理論や治療理論として定式化しようとは決して
しなかった。

　しかしながら，治療プロセスを構築する上で有用ないくつかの一般的原則
は存在すると思う。鋭い治療者は，無意識はしばしば意識以上に患者の行動
を左右するだけではなく，治療における介入のターゲットであると同時に有
益な情報の源であることに気づいている。ほとんどの場合，患者は問題解決
のための十分なリソース，強さ，経験をすでに備えている。そのようなリソ
ースを見つけだし，それらを活用する方法を作りだすことこそが専門家の仕
事である。

　エリクソニアン・アプローチは症状ベースであるが，短期の治療を容易に

する。問題は，深層の病理を示すものとして見られるのではなく，むしろある機能を担う適応のための努力とみなされる。不運なことにそれらの適応努力が不首尾に終わったものか古すぎるものであるときには，かえってより困難がもたらされてしまう。その困難を扱う際，エリクソンは，治療者の中立的観察者—解釈者—援助者モデルを打ち壊すような手段を開発してきた。彼は，催眠が不評であったときに，催眠を臨床的にもちいだした。彼は指示的で，課題を出し，患者が自己破壊的な行動を企てているときには，積極的に説得した。そして彼は，家や地域でおこなわれるような特注の課題を出すことで，診察室の枠を越えて，治療の領域を広げていった。

　この章の理論と原則への論説は，エリクソンの治療を概観するうえで有用なコンテクストを提供した。しかし，彼の業績の最大の衝撃は，彼が展開した技法，介入法にある。それらの卓越した方法は，次章で詳細に述べられる。

第3章

主要な技法

私は，一人一人のために新しい理論と新しい治療法を開発します。

Milton H. Erickson（Lankton and Lankton, 1983: v）

芸術的な治療

前の章で示したように，エリクソンの最大の衝撃は，彼の開発した心理療法の方法や技法による。彼は催眠をもちいて変化を促進したことで有名であるが，彼はそれを芸術の域にまで高めた。催眠が広く受け入れられ使われるようになったことへの貢献度において，20世紀で彼の右に出るものはいない。メタファー（彼の有名な別の治療技法の一つ）をもちいて述べるとしたら，彼の催眠を芸術とすると，トランス状態はキャンバスであり，その上に彼は，大胆なストローク（陽性と陰性の幻覚，健忘，年齢の退行と進行，後催眠暗示，自動書字など）と繊細なタッチ（含意，課題，物語，メタファー，逆説的介入など）で描いたのである。エリクソンのパレットが大きかっただけではなく，彼は患者のパレットもまた借用した。彼の言う利用法である。

この「大胆なストローク」と「繊細なタッチ」は，エリクソンがトランスワークでもちいたあらゆる技法に当てはまった。しかも彼はこれらのツールを型通りのトランス誘導をおこなわなくても等しく効果的にもちいることができた。第2章で引用したように，彼は，ジェイ・ヘイリー，グレゴリー・ベイトソン，ジョン・ウィークランドに，彼のどんなコミュニケーションの中にもいくらか催眠が含まれているだろうと述べた。彼は，無意識レベルでの他者との交流について述べているのだが，それは型通りの催眠を意味しているのではなかった。むしろ彼は，しばしばトランスを使わずに催眠療法をおこなった。彼が型通りの催眠でもちいた技法のいくつかは，彼の言う「自

然な naturalistic」アプローチでも効果的であり，メタファー，物語，課題，能力開発，含意，逆説的な介入などである。

　読者の方々にここでよく覚えておいていただきたいのは，エリクソンの治療のすごさは，理論的枠組みやある特殊な事例にもちいられた技術にあるのではないということである。これまでも強調してきたように，彼はそれぞれの患者と問題の文脈に応じて介入をおこなった。だからここでエリクソンの技法について羅列し詳細を述べるのは，実際に不可能である。エリクソン流の心理療法の標語にもなっている個人個人の独自性を最大限尊重することと，治療場面で紡ぎ出された豊富な技法の数々を組み合わせることで介入戦略は大きな広がりをもつ。この章では，さまざまな技法の解説をおこなうが，チューブの絵の具を知っただけで芸術が理解できないのと同様に，技法を知っただけでエリクソン派の治療の本質がわかるわけではないことを，銘記しておいてほしい。

催　　眠

歴史的文脈

　エリクソンが果たした催眠への貢献を説明するために，簡単に催眠の歴史を振り返ってみよう。

　催眠類似の現象の報告はフランツ・メスメル Franz Mesmer（1734-1815）以前にも見られるが，一般的に催眠の父として認められているのは，メスメルである（Crasilneck and Hall, 1975）。メスメルは，動物磁気の理論をうち立てた。それは，トランス現象を磁気エネルギーが催眠者から患者に，メスメリストによって直接的にあるいは非生物を介して間接的に移動したものと説明していた。彼は心因性視力障害患者の治癒などめざましい結果を残したが，フランス医学アカデミーのコミッションが彼の治療の有効性を確認できなかったため，次第に冷遇されるようになった。フランス医学アカデミーが動物磁気に好意的な報告を出したのは彼が亡くなったのちのことだったが，

メスメリズムの実践は続けられ，モートン・プリンス Morton Prince（1854-1929）やジョン・エリオットソン（1791-1868）らによって発展させられていった。

　ジェームズ・ブレイド（1785-1860）が「催眠 hypnosis」という用語をつくったと目されているが，それは睡眠を意味するギリシャ語のヒュプノス hypnos に由来している（Crasilneck and Hall, 1975）。ブレイドは，動物磁気の考えと磁気理論を避けて，被験者の被暗示性に焦点を当てた。ブレイドは，催眠のプロセスに関して概念上重要な転換をおこなったのだが，それは，メスメリズムは他者に対してなされるものであったが，催眠は他者とともになされるものである，というものである。

　19世紀後半から20世紀はじめにかけて，催眠の理論的説明と受け入れられ方は大きく揺らいだ。おそらくこの時代に催眠の臨床に多大な影響を与えたのはシグムンド・フロイドであろう。当初フロイドは，忘れられた情動や出来事に接近し再体験する方法として，また患者に安心感をもたらすカタルシスの方法として催眠にとても興味をもった。しかし，すべての患者に同じような反応を起こせるわけではなかったので，催眠に不満を抱くようになった。また直接的な暗示が，患者にとって保持しておくべき重要な症状を除去してしまうのではないかと恐れた。さらに催眠のプロセスに性的な言外の意味が含まれることに懸念をもっていた。たとえば，女性患者が催眠療法家に「自分を差し出す」ように見ることもできることなどである。これらの理由によって，臨床においても研究においてもあまり多くの経験を経ないうちに，フロイドは催眠を捨て去った。彼の精神力動の理論と臨床が広まっていくにつれ，催眠はフロイドによって拒否されたものということで評判を落としていった。そうして臨床催眠の領域における研究の発展は非常に減速し，再興したのは第一次世界大戦後であった。退役軍人の心的外傷の治療的除反応を引き出す手段として催眠がもちいられたのである。1923年，ミルトン・エリクソンがクラーク・ハルの催眠セミナーに参加した頃には，フロイドが催眠を捨てたことによる悪影響は，学者たちがふたたび催眠の性質と適用を研

究しはじめるようになるまでに少なくなっていた。

見解の相違

第1章で述べたように，ハルが催眠において被験者は受け身的な参加者であると考えていたが，エリクソンの考えは異なっていた。ハルは，標準化された誘導方法は，どんな人にも同じような影響をもつであろう，と考えていた。ハルの経験，業績，専門家としての判断とは異なったいくつかの実験結果を公表することを当時のエリクソンは差し控えた。合衆国における実験心理学の父のひとりと目されていたハルの地位が，彼の催眠プロセスへの見解に信用を与えていたので，エリクソンが催眠者―被験者関係の重要性に関する見解を述べたところでさまざまな疑義が向けられたにちがいないからだ。ハルのもとでの体験は，エリクソンに二重の好ましい結果をもたらした。まずハルと彼の調査方法に接して，実験的手続きは催眠現象に適応させることができるということがわかった。そしてハルの強固な意志に植え付けられた疑念は，妥当な理解を追求していく際のエネルギー源となった。最終的なエリクソンの結論は，当然，「催眠者の要望ではなく，被験者が理解しておこなうことこそが，どんな催眠現象があらわれるかを決定するのである」（Erickson, 1964; Rossi, 1980a: 17）というものであった。

催眠の性質

催眠は催眠者から被験者に押しつけられた圧倒的なエネルギーによる産物である，という俗信を洗い流すと，そこに浮かび上がってくることは催眠的対人関係の重要性である。変性意識状態すなわちトランス状態は被験者の中でつくり出され，被験者によって体験されるものであるが，催眠者によってさまざまな程度に影響を受けるものでもある。エリクソンは語っている。「催眠とは，意識的な気付きを使うことをやめることである。催眠においては，無意識的な気付きを使いはじめる。なぜなら，意識が知っている以上に無意識は知っているのだから」（Zeig, 1980: 39）　トランス状態は，さまざま

な意識状態からなる連続体である。ムニオンは，この連続体をラジオの周波数帯にたとえて，それぞれの意識状態を，特定の周波数になぞらえた。たとえば，ある周波数は，読書に没頭しているときに体験される意識の状態をあらわし，他の周波数は，熱心に討論をしているときの意識の状態であったり，創造的なプロセスであったり，夢想しているときであったり，催眠状態であったりなどである。ラジオの場合と同じように，すべての周波数（意識状態）が利用可能である（無意識のレベルで）が，受信機（意識的な**気付き**）はいつも一つの周波数にチューニングをおこなう。また，コミュニケーションは意識と無意識のレベルで同時に起きるし，ラジオで言えば，ボリューム（ある状態，たとえばトランス状態，における没入の深さ）は，大きくも小さくも調節可能である。

　このメタファーは，催眠状態はある自然発生的な意識の状態のひとつであることを示しているが，それがどんなものであるかということについては述べていない。私たちの存在と現実は，私たちが考え，体験するところのものの結果である。そのような文脈においては，私たちの日常の非催眠的現実は，ある種の体験であり，催眠的体験は私たちの現実の全体性に対するもうひとつの強力で欠くべからざる側面である。

リアルとは何か？

　催眠体験における現実感の性質については，フェニックスでのエリクソンのセミナーへの参加者によって的確に表現されたものが，「催眠の実験研究：催眠と非催眠状態における現実感 'Further experimental investigation of hypnosis: hypnotic and non-hypnotic realities' （Erickson, 1967）」の中で報告されている。若い女性が，トランス状態で，メイン州の湖で泳ぐ体験をし，それをトランス状態のままでグループに話した。その複雑なやりとりはテープに録音された。彼女はトランス状態でその泳いだ体験を語っているのを聞かされ，次にトランス状態の体験を健忘した覚醒状態で同じこととそのことを聞いて驚いて覚醒する様子を聞かされた。

第3章　主要な技法　77

　覚醒した後，自分が水泳をしている様子について最初に語っている録音テープを聞いて，彼女はすっかり驚いた。彼女はそのテープをちゃんと聞き，このように断言した。

　「私がメイン州の湖に泳ぎに行ったことがないのはまぎれもない事実です。それは本当です。間違いありません。でも今自分が話しているのを聞いて，私の内面では実際に泳ぎに行ったということがわかりました。別のテープを最初に聞いたときには，その単語や中身をきちんと聞き取ろうとしていました，でも2番目のテープを聞いたときには，自分が言っていることを聞きながら同時に自分がどんなことを感じていたのか知りました。今，私自身，私が感じているのは，泳いでいないし泳ぎもした，ということです。二つを並べてみれば，それが矛盾していることはわかります。でもそれを一つのまとまりと見れば，それは正しいのです。そして他のもう一つのまとまりとして見れば，同じくらいにそれは正しいのです。理解することと感じることが，二つの違う世界にあるようなものです。でもそんな感じで理解したいのです。その二つを一つのものにしようとは思いません。ただここフェニックスにいて，先生にメイン州でキャンプをした話をしたいのです。でももし先生が私を深いトランスに誘導されるのであれば，どこでも好きなところに私はいることができ，実際にどこにいるかということは問題ではなくなります。私はメイン州の湖に泳ぎに行ってそれを心から楽しみながら，同時にここフェニックスにいて，先生の質問に答えて，先生の望むことを何でもでき，それでいて自分が泳いでいるということはじゃまされないのです。それはときどき自分でもやっていることのように思います。とても気持ちよくぐっすりと一晩中眠り，そうしながら夢の中で釣り上げたマスを楽しく身支度をして料理しておいしく食べたことを感じながら，起きるのです。でも朝ご飯の時にはお腹がペコペコなのです。夢で見たバスを全部食べてそのおいしさがまだ残っているのに」(Erickson In Rossi, 1980a: 78)。

　この催眠体験の質——映画鑑賞などの際に生じるものよりもはるかに複雑で深く全体的である——が，体験をリアルにするのである。この直接性と現実感こそが，治療的プロセスにおいて催眠をより効果的なものとするのである。上記の体験は，確かに治療ではないし，そのように意図されたものでも

ない。催眠プロセスと催眠現象のデモンストレーションでの体験であった。より一般的な催眠現象について考えるときには，被験者は催眠にそれぞれ独自の歴史や視点をもち込むのであるから，催眠**体験**の多様さは無限であるということを思い起こしておくとよい。エリクソンは催眠現象に大きな関心をもち，催眠の探求に専門家としてのエネルギーの大部分を注いだ。彼は，まず，研究者であり，次いで治療者であり，三番目に教育者であった。

一般的な催眠現象

催眠状態では，普段の日常生活ではあまり見られないようなさまざまな体験が生じる。催眠現象をいくつか挙げてみよう。健忘とは記憶の想起ができなくなることで，自発的に生じることもあるし暗示によることもあり，部分的健忘（ある体験の一部を忘れる），選択的健忘（体験のある特定のものを忘れる），そして全健忘がある。**感覚脱失**は身体感覚を失うことであり，一般的には部分に限定される。腕浮揚は無意識的な，あるいは自動的な腕の浮揚であり，直接または間接暗示によって引き起こされる。正の幻覚とは，そこになにもないのに何かが見える（聞こえる，味がするなど）ことであり，逆に負の幻覚はそこにあるにもかかわらずそれが見えないことである。年齢退行は年齢を遡ってより若い年齢になると体験される。

これらの催眠現象は，ある人が体験するすべてではないのはもちろんであるが，催眠において起こりうるさまざまな体験を表している。エリクソンは治療をうまく進めるために催眠現象をもちいた。

感覚脱失

妊婦への催眠で感覚脱失をもちいた素晴らしい例である。

ある妊婦に仙骨神経ブロックを起こそうとして，彼女を何度もトランスに誘導しました……ほかの話題には触れずに，彼女にこう言いました，「分娩室に入っていくと，あなたはただ赤ちゃんが男なのか女なのか，体重はどれく

らいか，どんな顔や身体をしているのか，髪はあるのかないのか，それだけを考えます。そうしているうちに，あなたの下半身を担当していた産科医が，あなたの赤ちゃんを見てみたいでしょう，と言うでしょう。[このやり方で]完全な仙骨神経ブロック—感覚脱失を起こすことができます」娘のベティー・アリスの初産のとき，産科医はとても不安でした。彼は私の生徒でした。彼女は，「心配しないで，先生，あなたは産科医で，自分の仕事をよく知っていらっしゃいます。分娩室では，私の身体の半分は先生のもので，上半身だけが私のものです」と言いました。こうして彼女は看護婦や分娩室のスタッフにオーストラリアで教壇に立っていたことを話しはじめました。しばらくすると産科医が言いました。「ベティ・アリス，男の子か女の子か知りたくないかい？」そうして彼は男の赤ちゃんを抱き上げたのです。「まあ男の子だわ。抱かせてください。私もお母さんになったんだから，手と足の指を数えなきゃ」彼女は何が起こるのかよく知っていたので，彼女がしたことはオーストラリアでの話をすることだけでした（Zeig, 1980: 43-4）。

　今の話とこれから述べることは，1979年夏の5日間教育セミナーでエリクソンが語ったものである（Zeig, 1980）。感覚脱失を誘導した別のケースについてエリクソンは説明している。

　さて，別のガン患者の例を挙げてみましょう。ある医師が電話をかけてきて言いました。「35歳で子どもが3人の患者がいます。自宅で最後を迎えることを望まれています。でも右に乳ガンがあって，もう手遅れなのです。骨と肺，全身にも転移しています。薬はもはや何の助けにもなりません。彼女に催眠を試していただけないでしょうか？」そこで私は往診しました。玄関を開けると，寝室から叫び声です。「痛くしないで，痛くしないで，痛くしないで，怖がらせないで，怖がらせないで，怖がらせないで，痛くしないで，怖がらせないで，痛くしないで」絶え間ない叫び声をしばらく聞いていました。それから寝室に入っていって，自己紹介しようとしました。彼女は右側を上に身体を丸めて横になっていました。私も怒鳴ったり，叫んだりを繰り返しましたが，彼女は変わらず叫び続けていました。

ふと私は考えました。「そうだ，彼女の注意をどうにかしてそらした方が良さそうだ。」そこで彼女の叫び声に加わることにしました。「痛くするよ，痛くするよ，怖がらせるよ，怖がらせるよ，痛くするよ，怖がらせるよ」ついに彼女は言いました。「どうして？」それでも彼女は答えを待つことができなかったので，ちょっとだけ変化を加えて叫び続けました。「あなたを助けたい，あなたを助けたい，あなたを助けたい，でも怖がらせるよ，あなたを助けたい」突然彼女はさえぎって尋ねました。「どうやって？」それからまた叫び続けました。私は彼女が叫ぶのに合わせ，「あなたを助けたい，あなたを助けたい，あなたを怖がらせるよ，気持ちをちょっと向き直してほしい，ほんの気持ちだけ，身体ではなくて，気持ちを向き直してほしい，身体ではなくて，気持ちを向き直してほしい，身体ではなくて，痛くするよ，怖がらせるよ。身体ではなく，気持ちを向き直してくれたらあなたを助けられるよ」

　ようやく彼女は言いました。「身体ではなく，気持ちを向き直します。どうして怖がらせたいの？」それからいつもの叫びをまたはじめました。それでまた私は「あなたを助けたい，あなたを助けたい，あなたを助けたい，あなたを助けたい」と言いました。ついに彼女は言いました。「どうやって？」私は「右足の裏を蚊がちょっと刺すのを感じてほしい。ちくっちくっと。痛くてかゆい。今までで最悪の蚊に刺されたのです，かゆくて，ちくっと痛い。最悪の蚊に刺されたのです」とうとう彼女は，「先生ごめんなさい──足の感覚がないんです。蚊に刺された感じがしないんです。」と言いました。そこで私は，「それで結構です。それでいいのですよ。感覚のなさが足首まで広がってきます。足首を越えてのぼっていき，ふくらはぎまで広がり，ゆっくりと膝まで広がります。そして膝の上まで広がって，太股まで広がって，もう半分くらい，半分くらい，半分くらい広がって，おしりに広がって，左のおしりにだんだん広がって，そこからまた下に，左の太股，ゆっくりと左膝に，どんどん下がって，下に，下に，左足裏にまで下がっていきます。そうしておしりから下はすっかり感覚がなくなっています」

　「そして麻痺はあなたの左側をのぼっていきます，ゆっくり，ゆっくりと肩，首までのぼって，そこから腕をおりて指先までいきます。それからまた右側もゆっくりのぼっていって腕の下までいって，肩へいき，そこから指先までいきます。次に背中へと麻痺が広がりはじめます，背中へゆっくりと，そこ

から上へ上へと首の付け根までのぼります」

「それから，その麻痺はあなたのおへそへ向かいます，どんどん上に。そして本当にとても申し訳ないのですが，その麻痺が右の胸の手術跡まできてもそこを麻痺させることはできません……完全に麻痺させることは。手術をしたところは蚊にかまれて，むずむずかゆい感じがするでしょう」

彼女は言いました。「その通りです。でも痛みを感じるよりこの方がいいわ。蚊に刺されたのなら我慢できるから」蚊に刺された感じまで取り去ることができないことを，私は謝りました。でも彼女は蚊に刺されるのは気にならないと私に何度も言っていましたよ（Zeig, 1980: 185-7）。

催眠にあまり親しんでいない読者は，同じことを繰り返すエリクソンの誘導に違和感を感じるかもしれない。トランスを示すことばはなにもないが，患者自身のことばに合わせることの重要性を美しく描写している。利用法を催眠に統合した好例である。「誘導」のきっかけとして，何度も経験したことのある昔の痛みの記憶を使っていることを強調しておきたい。彼独自のやり方である。

別の例を挙げてみよう。

とてもよい催眠被験者のある秘書が私に電話をかけてきて言いました。「とても生理痛がひどいのです。ちょうど生理がはじまろうとしていて，下腹部の右あたりにひどい痛みがあるのです。生理痛を感じなくさせてもらえませんか？」

私は，電話で彼女をトランスに誘導して言いました。「覚醒状態であなたは言ったね。生理痛がとてもひどいので，何とかのがれたい，と。それで，よくわかってほしいのは，あなたの生理はこれ以上の痛みを引き起こすことはないということです。もう生理痛を感じることはありません」そして生理痛，生理にともなう腹痛を強調しました。「さあ目覚めてごらん」彼女は覚醒して言いました。「ありがとうございます。痛みはすっかりよくなりました」私は言いました「よかった」

20分ほどして彼女はまた電話をかけてきて言いました。「麻酔が切れてしまいました。お腹の痛みが戻ってきたのです」そこで私は「トランスに入って，よく聴きなさい。生理痛とそれにともなう腹痛のすべてに対して，催眠による麻酔を引き起こしてほしいのです。さあ痛みから開放されて目覚めてください」と言いました。彼女は覚醒して言いました。「今度はとてもいい麻酔を与えてくれました，どうもありがとうございました」

　30分後にまた電話をしてきて言いました。「また腹痛が戻ってきました」「あなたの身体はあなた自身よりもずっと賢明です。生理による腹痛ではないようです。私はあなたに催眠性の麻酔を起こしましたが，医者なら誰でも急性虫垂炎による痛みが生理痛に似ているのを知っています。生理痛に催眠による麻酔をおこなったのであって，虫垂炎にではありません。外科医に電話しなさい」彼女は電話をしました。彼女は病院へ行き，翌朝急性虫垂炎の手術を受けました（Zeig, 1980: 62-3）。

　このケースは，患者の希望に添いながら同時に症状のもつ意味を尊重して望ましい結果を導こうとするエリクソンの治療をよく表している。最初の二つのケースとは異なり，3番目の感覚脱失のケースでは，エリクソンが極めて指示的であるのが特徴的である。繰り返すが，エリクソンは指示的な技法を否定していたのではなく，むしろどういったときに活用すればよいのかを知っていたのである。

　ある意味で，最後の2例は対照的である，秘書の例では痛みは（短時間でも）完全に取り除きうるものと捉えられているのに対して，もう一方ではより苦痛でないものへと変形されている。

　エリクソンは，すべての症状と同様痛みには何らかの機能があると考えていた——痛みを通して私たちは身体のどこに問題があるのかを知り，苦痛を回避し，問題解決への動機付けを高めることができる。たとえば，同じことばを繰り返していた女性の例では，エリクソンは右胸の無痛覚を作り出すことができなかった。そのことから，彼女にとっては多少自罰的な意味で何らかの痛みが必要だったのではないかとエリクソンは考えていたようである。

痛みのもつ機能を尊重せずに介入するのは無責任なことである。秘書の生理痛に対して，きわめて特殊な暗示をもちいて，感覚脱失に制限を設けている点に注意してもらいたい。感覚脱失は，腕浮揚も同様であるが，トランスに入っているかどうかを確認するためにも利用できる。

腕浮揚

腕浮揚とはエリクソンの数多くの催眠面接の中で開発されたプロセスであり，彼が研究をはじめる以前の文献には，催眠現象としての腕浮揚は記載されていない。腕浮揚は意識とは独立して生じる解離プロセスである。感覚脱失とは異なり，感覚が腕の動きに影響されることはない。被験者の意識的な意図とは無関係に起こる身体的反応である自動書記と関係が深い。

ロッシ（1980a: 1）は「いつ変性状態に入ったのか，意識がいつも知っているわけではない」と述べている（夢を見ている間に自分が夢見ていることを知ることはほとんどない，というアナロジーを彼は使っている）。エリクソンは，催眠現象が実際に生じているのを患者と確認する「確認因子」として，またどれくらいの反応を示しているのかを測るものとして，腕浮揚やその他の催眠現象を利用した。

腕浮揚を促進する上で，彼は直接法も間接法ももちいた。ここで散りばめ技法を使った誘導の例を挙げる。「そして，**今すぐに**（right）**簡単に**（handy）思い出すことができます。子どもの頃，夜になって**明かり**（light）を手にしていました。そして記憶の**流れ**（float）がその頃へと戻っていって……」ゴシックの部分は抑揚が変化していて，「腕 hand ……すぐに right ……明かり light ……流れて float」軽くなっていく感覚が右手に感じられ，上に上がる感じへと変化していくだろう。暗示に反応したことを被験者は特定の動作で催眠者に示し，腕が上がっていることを被験者自身が認めたとき，トランス状態が承認（ratify）され，変性状態になったことを意識的に知ることになる。ロッシのことばを借りれば，夢を見ているものは夢を見ていることを知っており，それを確かめるために目覚めてみるということになろう。

エリクソンは蝋状態となるカタレプシーを誘導することで，腕浮揚をまた別の形で起こすかもしれない。ていねいに被験者の腕をもち上げ，そしてそれを空中に保持させる，というように。被験者は何の努力をしていないにもかかわらず，腕は空中に浮かんだままなのである。

　自動書記（その類のもの）とは，意識的には知ることのできない情報を無意識を通して知ろうとすることで，紙と鉛筆を催眠被験者の前に置いて，後は本人にまかせるというきわめてシンプルなものである。どんな相手であっても，出会った男性とセックスをせずにはいられない強迫的な女性との面接で，エリクソンはその強迫症状を理解することも，軽減することもできなかった。彼女はとてもよい催眠被験者であったが，自動書記をおこなっても何の実りもなかった。そこで自動書記の応用として，タイプされたある原稿とペンを彼女に手渡し，素早く意識的に考えないで「あなたの症状のわけを知らせてくれるような文字，音節，単語に線を引きなさい」と指示し，彼女もそれに従った。その原稿は，彼女が強迫症状のわけを知り，それを理解し，受け入れる準備ができるまで開かないようにとも指示された。そして彼女はそれを読み，強迫症状の意味を知った。つまり彼女がすべての男性とセックスをするのは，父親とのセックスの象徴であり，それは母の支配を乗り越えて「父を一人前の男にする」のを手助けすることを象徴していたのであった。こうして彼女の強迫症状は治っていった（Rossi, 1980d: 163-8）。

年齢退行

　エリクソンは，催眠現象をよく理解してもらうために，腕浮揚と同じように年齢退行をよくもちいた。患者の注意を過去に向けることは，催眠に関連する内的プロセスを引き起こしやすいので，誘導の役にも立つ。年齢退行では注意を今現在の現実状況から引き離し，外界から内面へと向けさせていく。人生はさまざまに体験できた（そして，それゆえそうできる）という意味合いで，患者の時間枠を今までとは違う方向に変えるのである。たとえば学校時代の記憶（学びのプロセス）が想起されると，トランス体験と新しい学び

第3章　主要な技法　85

の肯定的な連合が形成されるかもしれない。

　年齢退行といくつかの腕浮揚を誘導にもちいた例である。

　事例研究　『ミルトン・エリクソンの心理療法セミナー』（Zeig，1980）に，以下のようなセミナーの様子が記録されている。サリー（仮名）は遅刻をしてきた生徒で，エリクソンが彼女を少しからかって困らせた後のことである。

　エリクソン：［**目の前の床を見つめながら**］さあ，心理療法をするときに患者を気楽に気持ちよくさせなければならない，という固定観念は捨てましょう。私はできるだけ彼女の居心地を悪くさせ，目立たせ，そして困惑させました。それは（グループに向かって）治療関係を結ぶよい方法ではないですね。［**エリクソンはサリーを見つめ，彼女の右手首をゆっくりともち上げる**］目を閉じて。［**彼女はエリクソンを見て，軽く微笑み，それから視線を右手に落として，目を閉じる**］目を閉じたままで。［**エリクソンは彼女の手首から指を離し，右手をカタレプシー状態のままにする**］深く，トランスに入りなさい。［**エリクソンは指で彼女の手首に触れる。そして彼女の腕がゆっくりと下がっていく。あわせてエリクソンはゆっくりと彼女の手を下に押し下げる。エリクソンはゆっくり整然と話しはじめる**］そして，とても心地よく感じる，とても楽な感じ，そして心地よい感じを心から楽しんで……とても心地よい感じ……とても心地よく感じてほかのことはすべて忘れてしまうでしょう。

　そしてしばらくするとあなたの心が身体から離れて宙に浮いているように感じられます——それから時間がさかのぼっていきます。［**間**］もう1979年や78年でもない。1975年は未来のこと，［**エリクソンはサリーに向かって身を寄せる**］70年もそう，そして時がさかのぼっていきます。すぐに1960年になって，55年になって……そして今1953年だとわかるでしょう……そして自分は小さな女の子だと気付くでしょう。それはとても嬉しいことでしょう。そして目の前では誕生日パーティがおこなわれているかもしれないし，どこかに向かっているところかもしれません——おばあちゃんのところへ行く途中かもしれないし……学校に行く途中かもしれない……。も

しかすると今学校の椅子に座って先生を見ているかもしれないし，校庭で遊んでいるかもしれない。休憩時間かもしれないね。[**エリクソンは後ろに座り直す**]……いつか大きく成長していく小さな女の子でいることを楽しんでほしい……。そしてもっと心地よくなってくると，どんどん小さな女の子でいる感じがしてきます。それはあなたが小さな女の子だから。[**声のトーンをあげて**]さて，あなたが今どこにいるのか私は知らない，でも裸足でいるのは好きだと思うよ。プールの縁に座って，水の中で足をぶらぶらさせながら，泳ぎたいなあって思うのはたぶん好きだと思う。[**サリーは軽く微笑む**]好きなキャンディを今食べたいかい？[**サリーは笑ってゆっくりとうなずく**]さあどうぞ，もう口に入ったのがわかるでしょう，よく味わってね。[**エリクソンは彼女の手に触れる。長い間を取る。そして後ろに座り直す**]さあ，あなたが大きな女の子に成長すると，小さな女の子だったある日の大好きなキャンディのことを多くの知らない人たちに話してくれるでしょうね。そして多くのことを学んだでしょう。とても多くのことを。そのうちの一つを今ここであなたにお見せしたい。あなたの手を取るよ。[**エリクソンは彼女の左手をもち上げる**]私がもち上げるよ。あなたの肩にのせます。[**エリクソンは手首を掴んでゆっくりと彼女の腕をもち上げ，それを右の肩におく**]ここでいい。あなたの腕は麻痺しているのであなたには動かせません。私が動くように言うまで，あなたには動かせません。あなたが大きな女の子になっても，たとえ大人になっても動かせません。

　さあ，まず，首から上は目覚めて，でも身体はとてもゆったりと気持ちよく眠っています……首から上だけ目覚めます。難しいけれど，あなたにはできます。[**間**]身体がとても気持ちよく眠っていて，腕が，麻痺しています。そしてとても心地よい。[**サリーは微笑み，瞬きをする**]そして首から上だけ目覚めます……小さな女の子だったときのどんなことを覚えているかな？知らない人たちに話せることがあるよね？[**エリクソンはサリーに身体を寄せる**]

　サリー：[**咳払いをして**]私，うーん，思い出すのは，うーん，木と裏庭とそれから，ええっと。

　エリクソン：どれかに登ったかな？

　サリー：[**やさしく**]いいえ，ちっちゃな木だったのです。うーん，路地

第3章　主要な技法　87

の。

　エリクソン：どこの？

　サリー：家並みの路地です。子どもはみんな裏庭や路地で遊んでいました。

　エリクソン：それで何を考えていた？ちっちゃな子どもの頃，大きくなったら何になると。

　サリー：考えていたのは，うーん，天文学者か作家。

　エリクソン：そうなると思いますか？

　サリー：どちらかは実現すると思います。［**間**］私は，左手が動かなかったのです。［**微笑んで**］本当に驚いています。［**彼女は笑い出す**］

　エリクソン：左手にちょっと驚いている？

　サリー：先生が動かないでしょうとおっしゃったのは覚えていますが，うーん……。

　エリクソン：私を信じていた？

　サリー：多分そうだと思います。［**笑う**］もっと……驚いているのは，首から上だけ目覚めて，首から下が眠っているということです。

　エリクソン：何が驚きだったの？

　サリー：こう，うーん……首から下はゆったりと眠ったままで，そして話すことができると——そして目が覚めていて——身体は何も感じない。［**笑い**］

　エリクソン：言いかえると，歩けませんね。

　サリー：はい，今歩けません［**首を振る**］

　エリクソン：このグループに産科医がいたとしたら，どうすれば身体に，麻酔をかけるか知っているでしょう［**エリクソンは期待してサリーを見る**］［**サリーははいとうなずき，それからいいえと首を振る。彼女はぼんやり右を見ている。そして咳払いをする**］35歳で歩けないというのはどんな感じかな？

　サリー：うーん……どんな感じかというと……うーん……とても気持ちよいです。

　エリクソン：とても気持ちよい。

　サリー：えー。

　エリクソン：この部屋に入ってきたときの君へのおふざけは気に入ってもらえたかな？

サリー：多分そうだったと思います。

エリクソン：多分そうだった？

サリー：はい。

エリクソン：そうじゃなかったかもしれない。

サリー：はい，多分そうです。[**サリーは笑う**]

エリクソン：[**微笑みながら**] さぁ，本当のことを。

サリー：そう，はい，複雑な感じです。[**笑う**]

エリクソン：「**複雑な感じ**」ね。とても複雑な感じ？

サリー：そう，はい，好きであり嫌いでもありました。

エリクソン：とっても，とっても複雑な感じ。

サリー：うーん，はっきりさせられるかどうかよくわかりません。

エリクソン：とんでもないところに来てしまった？

サリー：いいえ，とんでもない，こちらに伺えて光栄です。[**下唇を軽くかむ**]

エリクソン：そう，ここに来て，どうやったら歩けないかを学んだね。

サリー：[**笑う**] そうです，首から下が動かないことを。[**うなずく**]

エリクソン：キャンディはどんな味がしたかな？

サリー：[**やさしく**] ええ，とてもおいしい，でも……うーん……いろいろな種類のがあったのです。

エリクソン：[**微笑む**] ではキャンディを食べていた？

サリー：えー。[**笑う**]

エリクソン：誰がくれたの？

サリー：先生です。

エリクソン：[**そうだとうなずく**] 心が広いでしょう，ねえ。

サリー：はい，本当にそうですね。[**笑う**]

エリクソン：キャンディはおいしかった？

サリー：えー，はい。

エリクソン：哲学者はみな，現実は頭の中にあると言います（Zeig, 1980: 86-90）。

学校ということば（"あなたは学んでいる"という含意がある）が使われ

ていることに注目すべきである。ある特定の出来事やトラウマを再体験するためではなく，トランスを促進するために年齢退行が引き起こされている。退行した中で，被験者はキャンディを食べている幻覚を体験し，それを鮮やかに思い出している（これは味覚の幻覚である）。彼女は同時にカタレプシー，感覚脱失，麻痺を体験している。

　少し本題から外れるが，これらの催眠現象以上にサリーはある体験をしている。「とても心地よい感じ」へと彼女を導く前に，エリクソンが彼女を少しからかって居心地を悪くさせているのは，彼がセミナーに参加した人たちに印象づけたいある考えの種をまいていたのである。「落ち着いて心地よく」というものは必ずしもよい治療をおこなうための必要な条件ではなく，場合によっては治療を妨げることもあるということを強調しておきたかったのである。

　『心理療法セミナー』[1]で，ある摂食障害の少女の治療について語っている。それまでに何人もの「専門家」が彼女を治療しようとしてきたが，結果的には彼女に自分は親切な治療を受けるに値しないという思いを与え強めることになっていた。他の治療者は失敗してきた。エリクソンははじめ彼女に，高圧的でぞんざいな態度で接したが，そのために彼女は彼を治療者として受け入れた。というのも彼女が受けるに値すると信じていた治療に合致していたからである。それで彼女はエリクソンの指示に従い，そして回復していった。やさしい態度はよい治療結果を得る上で必須ではないのである。

二月男

　ある女性のケースは，**治療における**年齢退行についてとてもよく示している。その女性は自分は悪い母親になるとすっかり信じていて，子どもを産むことをためらっていた。彼女の生育歴から，彼女の母親は娘が望むことにまったく関心がなく，女性家庭教師や寄宿制学校，サマーキャンプに彼女の世話をまかせっきりだった。母親が愛情を示すことはほとんどなく，しめしたとしてもほんのうわべだけであった。父親は愛情もあり誠実だったが，やは

90

り家を留守にしがちだった。

　エリクソンは彼女が催眠によく反応することを見いだした。そこで彼女を5歳に退行させ，彼女が居間におりていくと，父親に会いに来て，そこで彼女の父が来るのを待っている男性（エリクソン）を見つけた。その男性は二月男ですと自己紹介をした。彼と会話をするうちに，彼女は熱心に話を聞いてくれ寂しさを忘れさせてくれる二月男に好意を示すようになった。男は彼女にこう言った，私は6月にまた会いに来るよ，でもそんなに先のことではない，と。彼女は5歳のいくつかの時点に退行し，二月男との親しみある信頼関係を築いていった。年齢退行は，彼女が受け入れられているという感覚や人生の大切な出来事を分かち合える人がいるという感覚をはぐくみながら，思春期になるまでのそれぞれの年齢を豊かにする出会いとして続けられた。退行下での「訪問」は，実際にあった生活体験をサポートしたり追想できるように，数日前や後に「ずらして」おこなわれた。彼女はすべての退行体験を自然に健忘し，トランス状態でもその後の覚醒状態でも体験したことに何らかの意味を見いだしたりしないように，そしてただ楽しい感情をもち続け，やがて生まれてくる自分の子どもたちとその感情を分かち合うようにと励まされた。この一連の治療を通して，彼女は親になる能力に自信がもてるようになった。彼女はその後3人の子どもをもうけ，生活を楽しむことができた（Haley, 1973）。

健忘

　催眠面接の一部または全体について健忘は自然に起こることもあるし，催眠者の暗示によって引き起こされることもある。過去の外傷体験を催眠下で再体験するのに意識が準備できていないと考えたなら，エリクソンは健忘を暗示しただろう。第2章で述べたが，無意識の心は，意識が受け入れられない情報を徐々に，患者自身のペースで処理できるように，フィルターの役割をすると彼は考えていた。健忘はディストラクション（注意をそらすこと）を使って間接的に誘導することができる。たとえば，夏休暇をとる必要性や

ストレス発散方法について話しているときに，夏かぼちゃの植え付けと育て方の話を突然差し挟む。休暇についての話はたぶん忘れ去られるだろうが，夏かぼちゃの話はそれ自体が興味をそそられるかもしれない。その結果，「仕事中毒」家族は夏期休暇をとるようになり生活が改善されるかもしれない。

痛みを忘れる

ある男性の末期ガンの痛みに対する治療は，健忘の有効性をよく示している。このケースでは，エリクソンはまず動悸による鈍い胸の痛みから開放するために，催眠を使って痛みを重たい感じへと変化させた。男性の痛みの感じ方は，2種類に分けること——鈍い／動悸と鋭い／差し込む痛み——を通して修正された。動悸の痛みはひどく重たい感じにうまく変化し，次に短時間の強い痛みが扱われた。まず差し込むような痛みと次の痛みまでの時間を長く感じ，痛みがある時間をずっと短く感じられるよう時間歪曲が誘導された。そして過去の苦痛な痛みを振り返らず，さらに次の痛みで死ぬのではないかという未来を思い描かないように，痛みに対する健忘が誘導された。時間歪曲された（短時間の）差し込む痛みは，瞬間的なフラッシュのように体験されるようになり，すぐに忘れられるようになった。その後は，痛みが起こると一息入れて気分を落ち着かせ，その後は何事もなかったかのように振る舞っていた。健忘によって，反復的に起こる差し込む痛みはなくならなかったが，それらの痛みは彼の存在を脅かすものではなくなった（Erickson, 1956b; Rossi, 1980c: 258-61）。

実践に勝るものはない

時間歪曲と健忘が，仕事を失う危機にある若い男性を援助するために組み合わされて使われた。彼は大学生で，フルタイムで夜働いていて，第2週の週末には地元のナイトクラブでギターの弾き語りおこなっていた。彼が雇われていたのは，彼の音楽に，確かに荒削りであったが，見込みがあったから

である。不幸なことに，彼はスケジュール的に練習する時間を確保できなくなったが，これ以上うまくならないのであればクビだと宣告されてしまった。そのために彼は極度の不安と落胆からうつ状態に陥ってしまい，エリクソンの治療を受けることになった。フルタイムの仕事といっても，それはとても忙しい時間とまったく何もすることがない時間から成り立っていた。その若者は催眠によく反応することがわかったので，時間歪曲，特にこのケースでは時間伸張が訓練された。仕事の暇な時間を見計らって 10 ～ 30 秒の短いトランスに入り，歌とギターの練習をしている幻覚を体験するように，催眠下で暗示された。さらにそのトランスと，トランスに入るよう指示されたことについて健忘をするように暗示された。

　次の月曜日，この土曜の夜の演奏が今までで一番の出来だったと，興奮しながら彼は報告した。今までの演奏のテープと聴き比べてみたが，彼自身とてもうまくなっていると確信できた。でも彼が不思議がっていたのは，それほど練習していないことだった。仕事の合間に催眠下で，毎晩平均 3 回とても短時間ではあるが，セッションの練習をしていたのである。曲全体の練習を長い時間かけておこない，その中でも必要なパートを短く思い出し短時間で練習をしていたのである。彼は仕事を続け，そして進級した（Cooper and Erickson, 1956）。

　これら二つのケースでは，健忘と時間歪曲がそれぞれ違った方法で組み合わされている。重症患者では否定的な体験の時間を短縮させそれを忘れやすくさせているが，学生には短い時間でもきちんと練習できるよう伸張した時間を体験させている。臨床場面ではあくまでイメージ，幻覚を体験しているにもかかわらず，現実の生活場面では彼は仕事を続け進級していることに注目してほしい。

幻覚
　すでに述べたように，幻覚には正と負のものがある。負の幻覚は矛盾していたり問題を引き起こしたりしている何かを知覚させないようにする点で治

療的に有効である。あるケースでエリクソンはトゥレット症候群，比較的まれな障害であり，悪態や雑言をともなうことの多い強迫行動，のある患者の治療をおこなった。患者の症状がはじめに現れたのは，日曜教会に行く途中のことだった。教会の建物を目にしたとき，淫らで神を冒涜することばを吐き，歯ぎしりしながら拳を振り回し，さらにそんな自分をどうすることもできなかった。また教会を一目見ただけで同様のエピソードが引き起こされ，まもなく正装して敬虔な作法とことばで話し合う人たちがやってきたところで一言神を冒涜することばが口をつき，いったん出てしまうと一，二分間爆発してしまうのであった。

　彼は高級バーのバーテンダーの職を失い，彼の言動が場違いでないような酒場で働くようになった。彼は「悪たれバーテンダー」として知られるようになり，なじみの客たちは彼がもっと淫らなことばを吐き出さないかとけしかけるようになった。あるとき彼の妻が，彼が内緒で仕事を変わって経済的に困窮したため彼をののしったのであるが，そのときに短時間であるが彼の症状を初めて知った。彼は妻には症状を秘密にし続けていたのである。彼女はエリクソンに予約をとった。

　彼は催眠に同意し，またよい被験者であることがわかった。催眠が系統的に進められ，感覚刺激に対する選択的な除外と代替化が訓練された。それから爆発を引き起こす要因のリストを利用して，それぞれの刺激に対する知覚をすり替えていった。こうして教会は「大きな白い建物」となり，修道女は「たわいもない黒の服を着た女」，敬虔なことば遣いや汚れた文句は意味もないつまらないことばになった。このやり方は宗教に対して彼自身が信じていた考え方にも適応され——意味のない音節の羅列になった。

　最終的に彼は高級バーの仕事にもう一度就くことができた。さらには，宗教的な意味のことばを自分の語彙に取り入れることができるようになり，ついには教会に行けるようになった。このケースでは，視覚と聴覚の両方について，部分的な負の幻覚が誘導されている（Erickson, 1965b）。

クリスタル・ボール（水晶玉）

　正の幻覚では，被験者がイメージできないようなことをリアルに体験することができる。エリクソンは正の幻覚を用いて，素晴らしい創造性を発揮している。そのよい例になっているのは 30 歳の離婚歴のある男性で，彼はひどい自己評価をもち，能力に比べてひどく分の悪い仕事に就き，男女を問わず友人がいなかった。生活に楽しみはなく，食事はいつも同じ安食堂でとっていた。彼の一番の関心は身体的な健康であり，自分は慢性的に不健康だと思いこんでいたが，医学的にはまったく問題なかった。主治医は彼をエリクソンに紹介した。彼が催眠現象をより体験できるよう治療がおこなわれた。面接は数回行われ，水晶玉の幻覚を見るまでになり，その中に今までの生活での感情的な，また外傷的な体験を映し出すようになった。これらの経験を通して，彼は現状に期待できないことを確信しただけだった。覚醒状態で自分自身や生活に対する期待や希望のリストを作るよう指示されたが，「願望」として思い浮かべられたのは健康でまあまあ普通に暮らすこと，恐怖や不安が「そんなにひどくない」こと，悪いことがたとえ起こったとしてもそれを「乗り越え」てそのまま進むこと，であった。催眠状態での彼の望みもやはり惨めなものだった。催眠状態でのことはすべて健忘するよう暗示された。

　それに続いて，患者は覚醒状態で，無事に終えることができた治療，そして治療を通してどんなよい生活が送れるようになり，さまざまなことがうまくいくようになったのかを振り返っている未来へと方向付けられた。このアプローチによって，次にトランス状態で彼は水晶玉に数カ月後の未来，その時点ですでに過去になっているその間に自分が身に付けた能力を映し出すことができるようになった。こうして彼は自分が成し遂げられたことを過去のものとして捉え，可能性としてもそんなことが起こるはずがないと彼自身否定できなくなっていった。面接での未来に向けられた内容についてはやはり健忘するよう暗示された。彼は生活を変える努力をはじめた——昇給を願い（その過程での昇進も），デートに出かけ，よりよい家に引っ越すなどしはじめた。ひとつずつ人生に必要のない問題を取り除き，健康問題で頭を一杯に

第3章　主要な技法　95

するのもやめた。数年後街でエリクソンが彼に出会ったとき，ちょうど結婚
の準備に追われているところだった（Erickson, 1977）。

口頭試問

　他にも興味深いケースがあり，エリクソンは正と負の幻覚を他の催眠現象
とともにうまく利用している。患者は医師であるが，口頭試問に対する長年
の不安を抱え，それが心身症を引き起こしていた。彼は試問官を説得するこ
とには長けていたので口頭試問よりももっとむつかしい筆記試験に変更して
もらうようにしてきたが，彼の能力の高さゆえに状況が徐々に困難になって
きた。ついに彼は必ず口頭試問を受けざるを得なくなったが，理不尽な憎悪
感が試問官席から向けられていることに気付いた。

　彼がエリクソンに援助を求めてきたとき，どんな治療法があるのか尋ねる
ことなく，試験をパスするためならどんなことでもすると語った。エリクソ
ンは催眠を利用して彼にさまざまな催眠現象，負と正の幻覚，健忘，後催眠
暗示などの訓練をし，さらに深いトランスにいる間には用心深くまた礼儀正
しくしていられるようにしていった。口頭試問を受けたとき，彼は外からは
見分けのつかないようなトランス状態にいた。彼は口頭での質問があたかも
印刷されたものであるかのように感じたので，教科書に書いてあった内容を
思い出し，直接答を読み返したり，内容を要約することができた。またしば
しば違った状況として体験でき，彼はインターン生たちを連れて回診しつつ
講義をし，そして彼らの質問に答えているように感じられた。

　一連の治療では，患者は数多くの正の幻覚を体験し（教科書，印刷された
質問），試験官が目に入らなかったのは負の幻覚である。後催眠暗示，これ
は覚醒後に催眠現象を再び体験するための誘導である，によって彼は治療場
面以外でも知覚変容を体験することができたのである（Erickson, 1966）。

催眠現象 VS. 技法

　ここからはおもに催眠現象——非日常的であり**被験者の体験を構成する事**

象について説明していきたい。膨大な量の催眠現象を網羅的に提示するわけではないが，催眠の可能性を感じるにはほどよいものにしたい。特殊な催眠現象を利用した例を挙げるが，よく注意していただきたいのは，エリクソンは同じ催眠現象であってもケースによってさまざまに異なる使い方をしていることである。技法と催眠現象の間には違いがある——催眠現象はある事象が起こることであり，一方で技法とは催眠現象をどのように使うかということである。

　エリクソンは多くの技法を開発しただけではなく，従来の技法の使い方に革命を起こした。革新的な応用の仕方として，メスメルやブレイドの時代からの催眠現象である後催眠暗示のもちい方がある。従来の後催眠暗示は「目が覚めると，もう怖くありません」式の粗雑なものであった。それに対してエリクソンは，口頭試問を怖れていた医師の例に見られたように，後催眠暗示を使って正や負の幻覚を引き起こしていた。この章の残りの部分で，エリクソンの多くの革新的技法を検討して行きたい。それぞれの技法を個別に検討した方が明確になると思われるが，エリクソンの治療はある問題 a には x という技法を使うというように単純に描写することができないのである。一言で介入といっても，そこにはX，Y，Zという技法が組み合わされ，深いトランス下であったりまったくの覚醒状態であったり，個人のみを対象としていたり重要な他者を治療に含めたりもしていた。さらにそれぞれの介入は患者のニーズや能力，リソースに合うようにあつらえられた。75 歳の記念式典で，「エリクソン先生はそれぞれの患者ごとに，いつも新しい技法をつくり出してこられた」とマーガレット・ミードは述べていた（Mead, 1976）。

メタファー

　『ウェブスター英語辞典』によると，メタファーは「ある対象や考えを示す単語や語句を，異なる状況で，両者の類似性やアナロジーを示唆するためにもちいられる比喩である」とされている。この定義によるなら，治療的メタ

ファーは患者の問題をアナロジーとして扱うものと言えるだろう。アナロジーを利用することで，どのように行動すればよいのかを示すことができる。エリクソンの治療では，メタファーはシンプルなときもあれば複雑なときもあり，意図が明確なときもあれば曖昧なときもあり，トランス状態で語られるときもあるし，普通の会話でなされるときもあるし，さらに行動でなされることもある。

　どのような提示方法であれ，メタファーがとても強力な介入方法であることにはいくつかの理由がある。第一に，抵抗を引き起こすことがほとんどない。単に問題に**似ている**だけであって，問題そのものではない。だから患者はメタファーには，問題に対するよりも労力をかけることなく，向き合うことができる。第二に，メタファーを利用することで問題を劇的にリフレイムすることができる。（第1章で述べたように）エリクソンはまだ若い頃'LaVern'という名前をいつもの'gov-er-ment'という発音の中に差し込んでいったように。第三に，効果的なメタファーはしばしば患者の人生から安らぎや肯定的な記憶や感覚を引き出し，その人にとって親しみやすいものとなる。

明確さと曖昧さ

　さまざまな治療者の手に負えなかった慢性の疼痛の治療を求めて遠くからやってきた女性についてエリクソンは語っている（Rossi et al., 1983）。初回の2時間の面接で，エリクソンは彼女に庭の雑草取りの話をした。草取りの作業で指に水疱ができて痛み，しばらくするとそこの感覚が次第に鈍くなって，それを繰り返すうちに痛みを感じずに草取りができるようになっていく。またメキシコ料理は食べ慣れない人にとっては絶えられないほどからいのに，味覚が「鈍く」なった人にはとてもおいしく感じられるのはなぜかと話し合ったりもした。それから彼は，彼女が痛みを感じているところの神経を鈍くしていくことができるだろう，と暗示した。彼女は痛みもなく家に帰っていった。このケースでは，エリクソンは問題とメタファーをはっきりと

（明確に）結びつけている。

夜尿症が続いていた 10 歳の少年の面接（Haley, 1973: 199-201）では，エリクソンは少年が問題について語りたがらないことを尊重している。その代わり，彼は少年がスポーツをとても楽しんでいる話題に入り込み，スポーツを楽しむためには強い筋肉と，それらをタイミングよく協調させることが必要である，と話し合った。このような身体的動作の話から，エリクソンは話題を徐々に変えていき，人間にはたくさんの筋肉があり，種類もさまざまで，平らな筋肉，長い筋肉や短い筋肉，そして丸い筋肉があること，丸い筋肉は必要に応じて開いたり閉じたりでき，眼球の虹彩や胃の下部にあって消化するために押し戻したり必要に応じて腸へと送り出している筋肉がそのような筋肉であるなどと話し合った。

このケースでは，十分な強さをもち協調しつつ適切なタイミングで動いている虹彩や胃の筋肉が膀胱括約筋の象徴として語られている。少年の夜尿は止まり，直接そのことが話題になったことはなかった。これはメタファーを曖昧にもちいた例である。

簡潔さと複雑さ

メタファーが問題にふさわしいものであれば，簡潔なメタファーはとても強力なものとなる。生粋の行動療法家が，重度のパニック障害患者の治療において，ある瞬間にわいた直感で（たぶん捨て鉢状態で），患者にあるメタファーを語った（非行動療法的介入）ケースを恥ずかしそうにムニオンに報告している。「あなたのパニックは虫刺されのかゆみです，だから掻いてはいけません」と患者に語った。彼を驚かせたのは，患者は症状を無視できるようになり，そして徐々に軽くなっていき，数週間後には症状が消えてしまったことだった。このいたってシンプルなメタファーがうまく作用したのは，かゆみを無視するのに成功した経験が患者にあったからである。同じように簡潔なメタファーをもちいて，エリクソンは問題を解決できないと信じている患者の信念を変化させようとした。とても解けそうにないなぞなぞをエリ

クソンはよく使った。10本の木を4本ずつ5列に植えるにはどうすればよいか？[2) この問いに取り組んだほとんどの人は，それは不可能だと決め込む。しかしこのパズルの正解を見ることで，問題には発見が困難であっても解決は確かに存在すると理解されるようになる。この解決不可能なパズルとは，もちろん，解決できないと思われた患者の問題のメタファーである。

　それとは反対に，メタファーには長く複雑なものもあり，あることを指示するためだけでなく，患者の注意を固定しトランスを深める乗り物としても利用される。たとえば次のような長い話もよいかもしれない。農夫がとても大切に若く優美な花々を育て，心地よい疲労感を感じ，太陽の下でうたた寝をしていると，夢を見て，やさしそうな老人が現れ，彼の幸せそうな生活についてあれこれと尋ねてこられた，そして春の夕立のせいでハッと目を覚まされる。これは架空の患者のためにつくられたものだが，庭仕事の話は軽いトランス状態を誘導するためのものであるが，一方で子どもたちに注意を向けることの重要性を象徴的に強調している。夢についての話はトランスを深めるためや実り豊かな生活をイメージしやすくするために利用できるであろう。そして夕立で目を覚ますことは，突然の不快な出来事も成長の役に立つということを象徴している。前述の例は明確さと簡潔さを示すためのものである。メタファーの臨床応用例は数多く文献に記載されている（参考文献を参照のこと），というのもここに再掲するには長くなりすぎるためである。ランクトンとランクトン（1983）は，「答えはこの中に The Answer Within」でメタファーの多様な使い方について詳細に解説している。

実際の行動

　会話や誘導を通したメタファーの例をいくつか挙げてきたが，行動としてもメタファーをもちいることができる。一例として，40階から転落し，慢性疼痛に苦しんでいる建設労働者の治療をエリクソンはおこなったものがある（Rosen, 1982: 176-7）。彼は，自己肯定感や満足感の源泉であった仕事を再開することができなかった。痛みへの言語的なメタファーだけでなく，エ

リクソンは生活に必要な能力を患者がもう一度獲得できるよう行動的なメタファーを加えた。漫画やジョークの切り抜きでスクラップブックを一杯にさせたのである。そして友だちからもネタを集め，それを仕事でけがをした同僚に送らせた。この課題は，生活のための仕事よりも価値あるものがあるというメタファーであり，この課題を通して，彼は他者と交わりながら積極的に生活の中の楽しみを探し，必要に応じてそれを他の人とも分かち合ったのである。

次の例は，ジェイ・ヘイリー（1993）が語ったものである。

何年も前のことであるが，ある研究者がエリクソンの治療方法に関する一般原則を得るために，彼と長い時間をかけて話し合った。その若者は「治療方法」についての明確なコメントを望んでいたが，エリクソンは最良の方法で彼を教育した。あるポイントに差し掛かると，エリクソンは話の腰を折り，その若者を家の前庭に連れ出した。彼は通りを指さし，何が見えるか尋ねた。若者は途方に暮れ通りが見えます，と答えた。さらにエリクソンは，他には何か見えないかと尋ねた。男がずっと途方に暮れ続けているので，エリクソンは通りに沿って植えられている木々を指さして尋ねた，「これらの木々を見て何か気がつかないか？」何度かやりとりを繰り返すうちに，全部の木が東に傾いています，と男は答えた。「そうだね」とエリクソンは言った。満足げに，「１本を除いてね。後ろから２番目の木だけは西を向いているね。いつでも例外があるものだよ」

そのとき以来，私はこう考えるようになった。エリクソンはあることを明確にしすぎることをひどく嫌ったのだと。それで，今でも私が複雑なプロセスを単純化しようと試みるとき，特にエリクソンについてそうしようとするときには，フェニックスでのあの午後のことが今でも鮮明に思い出されるのです（Haley, 1993: 36-7）。

ごく単純ではあるが，家の外に出て通りを観察するという行動を体験することで，とても印象深い体験となっている。例外の木は，ヘイリーが治療についての一般原則を得ようとしたとき，とても重要な象徴となった。

第3章　主要な技法　101

逸　　話

　メタファーによく似ているが，エリクソンは逸話をよく語った。逸話はメタファーよりも構成がしっかりなされていて，話の前半（方向性を示す），中盤（出来事の内容），後半（まとめ）が必要である。一方メタファーでは，すでに述べてきたように，軽い文章であったりなぞなぞであったりする。しかし逸話はメタファーのように（象徴的に）描写することもあるし，より直接的な描写をすることもある。エリクソンは臨床家たちを教育する方法としてしばしばケースの逸話を使った。

　物語を語ること，あるいは物語を聞くことによって，常に開かれた目で好奇心で一杯だった子ども時代の無意識の思い出を呼び起こすことができる。そうすることで患者に受け入れの態勢ができ，トランス誘導がより容易となる（小学校1年生のクラスでみんなが夢中になって大声で本を読んでいるのを見たものならだれもこのことを疑わないだろう）。逸話は，それが象徴的であれ直接指示的であれ，メタファーがそうであるように，抵抗を受けにくいという長所がある。逸話では，患者や学生に「"X" をしろ」とは言わない。その代わりに「こんな話があるんだ，ある人がいて，"X" をしたんだ，そうするとこんなことが起こったんだけどね」と言うであろう。これらの話を聞く中で，逸話は単なる教訓よりも，深く個人の内面に響いていくようになる。「オオカミ少年」の物語が，「みんなの注目を集めるためにうそをついてはいけない」とだけ言うよりも人々に影響力があるのはそのためである。

　次のケースでは，逸話が夫婦の疼痛コントロールに使われている。

治療

　ある夫婦が，二人とも身体に問題を抱えてエリクソンの治療を受けにやってきた。夫には幻肢痛（切断されて，なくなってしまった足に感じる痛み）があり，妻には耳鳴り（いつも耳に音が響く）があった。夫婦との会話を交

わす中で，エリクソンは学生時代に旅行したときのことを話しはじめた。彼はボイラー工場に立ち寄り，工場のはずれで一晩休ませてもらえるかどうかをそこにいた人に尋ねた。工場の音がやかましいので，返事を聞くために何度も聞き返さなければならなかった。しかし朝になると，工場の人たちが驚いたことに，彼は騒音下でも普通の会話を聞き取ることができるようになっていた。工場の人たちにとってもそれができるにはかなりの時間を要することだったのだ。私の身体はたぶん早くできるようになるだろうとわかっていたとエリクソンは述べた。それから彼は二人にあるテレビ番組の話をした，それは以前見た遊牧民の話で，イランの砂漠に住んでいる人たちの話だった。彼らはどんな天気でも重ね着をしているが，とても快適に過ごしていた。面接の残りの間中，彼は他にもいろいろな逸話を語ったが，それらはどれも不快な状況を意識しないでいられる力が人間には備わっているというテーマに関連したものだった（Erickson and Rossi, 1979）。

教育

次に示すのは，教育場面でエリクソンが語った逸話である。物語を教育（治療でなく）にもちいた素晴らしい例である。

　ある日高校から帰っていると，鞍を付けたはぐれ馬が全速力で私たちのそばを通りすぎて農家の庭先に入っていったんです……水を飲みたかったのでした。馬はすごい汗をかいていた。農家の人が気付いていなかったので，馬を隅に連れて行きました。それで馬の背に飛び乗って……鞍が付いていたからね，それから手綱をひいて馬に「どうどう」って言いました……それから道の方に馬を向けました。馬が正しい方向に行くだろうと思っていたのでね……どの方向が正しいのか私は知りません。馬は小走りしたり全速で走ったりしていたよ。ときどき馬は道を走るのを忘れて，草原に入っていこうとするんだ。そうしたら私がちょっと道の方に向けてやって今は道を走るんだよってことを思い出させてやるんだ。馬を見つけたところから４マイルほど離れたところまで来てやっと馬はある農家に入っていきました。その農家の人

にこう言われたよ，「お前さんどうやって来たんだい。どこでこいつを見つけたんだ？」私は言いました。「ここから4マイルほど離れたところです」「そいつがここの馬だってどうやってわかったんだい？」私は「僕は知りませんでした……馬が知っていたんです。僕はただ馬の注意を道に向けていただけです」……これが心理療法のやり方ではないでしょうか（O'Hanlon, 1987: 8-9)。

含　意

　含意の基本的な考え方については，この章のメタファーの解説の中で短く述べた。含意はコミュニケーションの一手段で，あるアイデアを直接述べずにそれとなく示唆する。このような特殊なコミュニケーションの有効性を理解できると，エリクソンがなぜ含意を多用したのかがわかるだろう。含意を使うとゴールに向かってあまり骨を折らずに治療を進めていくことができる。繰り返しになるが，メタファーや逸話と同様このやり方は患者の考え方に直接向き合うものではないので，ほとんど抵抗を受けることがない。断定的に主張するのではなく可能性を示唆するのである。たとえば，この段落の第三文には，読者がこのやり方の有効性を理解するだろう，という意味が含まれている。実際にそのことが起こるかどうかはわからないが，私たちはそれが起こるだろうと思い描くことができる。そうして目標が達成されそうな雰囲気をつくり出すことができるのである。

適用

　通常含意はトランス誘導でもちいられる。催眠者はトランス誘導で次のように言うかもしれない。瞬きしている目が閉じてしまうか，それとも呼吸の方がゆっくりになるのか，どちらが先になるのか，わからないかもしれません。こうすることで，二つのうちのどちらか一方が先に起き，次に両方ともに起こる，という意味を含ませることができる。このような非日常的な表現は，代表的催眠現象である没入や分離反応を促進することができる。

かつてエリクソンは知り合いの母親から娘を助けてほしいと頼まれた。その娘は自分の足があまりにも大きすぎると信じ込んでしまったために，自宅に引きこもり他者との関係を絶っていた（Haley, 1973: 197-8）。彼は母親の往診に出向き，娘を助手として（濡れタオルをもってこさせるなど）注意深く自分の近くにいさせるようにした。そして触診が終わる頃になって，母親と熱心に話しこんでいるうちに，「偶然」娘のつま先を強く踏みつけてしまった。彼は怒って振り向き彼女に向かって言った，「君の足が男性にもちゃんと見えるくらい大きく成長していたら，こんなことにはならなかったのに」エリクソンが家を出るまでのあいだに，少女は友だちと映画を見に出かけて行った。そうして彼女の孤立は終わった。そこに含まれていたこと――彼女の足は小さい――は，慰められたり訂正されたりされるのではなく，このような形で彼女に届けられた。

別のケース。ある男性がエリクソンを受診した（Haley, 1973: 2479）。彼は妻との葛藤が強く，ずっと悩まされてきた。彼は，自分が仕事に行っているあいだに妻が寂しがるために，彼の友人が話し相手に来てくれて夕食前になると帰っていくということを説明した。妻が寂しさを感じなくなるのは彼にとっても嬉しいことだった。しかしあるとき彼は友人の使った歯磨き粉を発見し，またあるときには自分のものとは違う使用済みのカミソリを発見した。彼女が社会的に何もしていないシラミのようなヤツと仲よくなっていった経緯を彼は細かく語った。そして5時間ほど話したあとで彼は言った。「おわかりでしょうが，今の話が妻のことではなくて別の女の話だったら，浮気してるんだって言いますよ」エリクソンは尋ねた。「ところであなたの奥さんは他の女性とは違うのですか？」その瞬間彼の否認が崩れた，そしてエリクソンが含みをもたせたことだけを言った。「なんてこった，あいつも他の女と同じだ」彼が認めたくないことを直接指摘してもそれは彼をもっと意固地にさせただろうが，そこをこらえて妻も他の女性と同じであるということを含ませることで，否認を突破したのである。

逆説介入

　とある伝道師が，正直さと誠実さを誇りにしていた人食い族と向き合っていた。彼らは伝道師に言った。何か最後に言いたいことがあるなら言ってみろ，そしてどう死にたいか自分で決めるがいい——もし本当のことを言ったら，ひと思いに槍で一突きにしてやろう，もし嘘を言ったら，苦しみながら煮て食ってやろう。伝道師は黙ってじっと考え込み，口を開いた。そして彼は人食い族から解放された。彼は逆説を使ったのだ——「君たちは私を煮殺すことになるだろう」どちらかの死に方を選んでも，彼らは嘘つきになってしまう。だから彼を解放せざるを得なかったのである。

　あらゆる逆説には真実と矛盾が混在しているが，だから混乱を引き起こし，日常的で直線的な世界の見方を停止させるように思われる。その混乱の瞬間に，人は治療的に方向付けしなおすことが可能になる。エリクソンはこのようなパターン介入を好み，よく利用した。たとえば，彼は嫌々連れてこられた子どもの両親を面接室の外に出し，「**彼らは何様だと思ってるんだ**」などといって両親が彼にその子を治療するように言ったことを激しく非難した。そうすることで，腹を立てている子どもに合わせ，子どもに自信を取り戻させ，そして彼がその子に何かしようとしているのではないということを保証した。両親に対立するポジションを取ることで，彼は子どもとの協力関係を築き，夜尿や指しゃぶり，爪噛みの治療をおこなって，結果的には両親の望むとおりになった。

　逆説介入には二通りある——症状処方とバインド（拘束）である。症状処方は，ある症状が今までとは違った方向性で再現されることで問題でなくなるという意味で逆説的であり，バインドが逆説的であるのは，ある種内的な葛藤が生じるからである。これらの介入が効果的なのは，私たちの内的な不協和と共鳴するからかもしれない。

症状処方

　症状処方は，上に挙げた治療に抵抗を示す子どもへの接し方にみられている。また授業妨害者の例（第2章68～69頁）も，積極的に反対の姿勢をとらせ続けることでおこなった症状処方の一例である。これらのケースでは「反対し続けなさい，そしてやりたいようにおやりなさい」というメッセージが込められている。

　ある思春期の少女（Erickson, 1958）は大きな音を立て指シャブリをして周囲に不快感を与えていた。両親，教師，友人，そして聖職者たちがそれをやめさせようとしても抵抗し続けた。エリクソンは両親に1カ月間治療に協力し，何があっても背かない約束を取り付けた。それから彼女を患者として受け入れ，指しゃぶりをもっと攻撃的に（迷惑をかけるように）するために，もっとうまく指をしゃぶらなければならないと彼女を説得した。彼女への指示は，彼女の父が夕刊を読んでいるその横に座り，音をたてて指しゃぶりを20分間きっちりとおこなう，そして同様に縫い物をしている母親にもする，というものであった。また友だちや教師，彼女の嫌いな人や彼女を嫌っている人すべてに対してきちんと同じことをするよう指示された。4週間のうちにその行動は少なくなって消失し，健全な社会的活動にとって代わられた。

　エリクソンは右腕に強迫行為と感覚脱失のある知的障害のある思春期の少年の治療をおこなっている（Erickson, 1954a）。腕の動きを数えてみると毎分135回だった。次の面接までにそれを145回にまで増やすよう指示され，実際に達成された。次の面接では回数を少し減らし，次回面接までにほんの少しだけ増やしてくるよう指示された。このようにして，少しずつちょっと増やしてもっと減らすやり方で，最終的には毎分5回にまで減らされた。さらに毎日の動作数の変動が測定され，それは週単位になっていった。感覚脱失は腕の動きにともない増えたり減ったりしていた。最後に一日に1回も動作がなくなるのはいつになるのか予測する機会を与えられ，よい結果を得た。彼は正しい予測をした。

　症状処方は広範囲に適用できる——個人や夫婦，家族療法にも適用可能で

ある。最初の例では，指しゃぶりを奨励されることで，彼女自身がそれを続けるのかやめるのか考える時間が十分に与えられた。第二の症状の増加を指示した例では，コントロール不能と信じられている強迫症状は，それを増加させることができると学ぶことで，それをやめるのも自分で選択できるようになり消失した。

バインド

心臓病のために22歳で死ぬのではないかと怖れた女性——彼女の母，祖母，曾祖母もその年で亡くなっていた——がエリクソンに治療を求めてきた (Rossi et al., 1983: 270-1)。死ぬ準備として何かしているのかとの問いに，死んだ後に未払いを残したくないのですべての支払いを済ませていると彼女は答えた。トランス状態で，彼女はエリクソンのある推測を受け入れた。それは彼女の母や祖母は23歳まで生き延び，おそらくその後も生き続けたであろうということだった。またすべての仕事に支払われる報酬には，期日が指定される権利がある，という彼の意見にも同意した。面接の最後に，面接の報酬はきっちり14カ月かけて支払って欲しいと告げられた。そのときに彼女は23歳の誕生日を迎えるのだった。彼女は予定通りに支払いをすませた。

もっと個人的な例では，ある日エリクソンの息子の一人がほうれん草はもう食べたくないといったことについて話してくれた。エリクソンは心から彼に賛成して，自分の息子がもうどんなものでも食べられるくらいに成長し，大きくなり，強くなったなんてことはないだろうから，と言った。子どもは十分に大きくなっているとエリクソン夫人は抗議した。となると，子どもは当然母親の側に立たざるを得ない。スプーン半分で十分だというエリクソンの提案に母と息子は抗議し，結局お皿半分の食事をとることになった。息子はさっさと自分の食事をすませ，もっと食べたいとお母さんに助けを求めた。エリクソンはしぶしぶはじめに考えていたよりも息子が大きくなっていることを認めた (Erickson and Rossi, 1975)。

この例では、ほうれん草を食べられない子どもというエリクソンのことばは、息子がまだまだほんの小さな子どもでしかないということを意味している。「ほうれん草を食べない」ことをずっと認めてもらうには、自分がまだ小さな子どもでしかないと認めざるを得なくなる。反対にほうれん草を食べるということは、彼とエリクソンの目には「大きな男の子」のイメージを大きくふくらませるものと映った。これは俗流心理学における「逆心理」とはまったく異なる方法である。最初の例では、エリクソンは22歳で死ぬのではないかという女性の強迫観念に対して、彼女の価値観（未払いを残しては行かない）と権利（仕事に対する報酬には支払われるべき期日がある）を利用して、風穴をあけている。彼女は22歳で死ぬことはなく、彼女の二つの信念は正しいものとなった。バインドが有効であるのは、それがわれわれの文化の一部となるからである。基本的な親業訓練にこのようなものがある。子どもに選ばせなさい、「歯を磨くのはお風呂の前、それとも後？」「グリーンピースはちょっとほしい、それともたくさん欲しい？」

課題処方

しばしば行動の変化が心理的変化に先立つことをエリクソンはよく認識していた。したがって、望ましい結果を導くためにある課題を処方すること（それは面接外でのことがほとんどであった）は彼にとって当然のことであった。その課題は少なくとも4種類にタイプ分けすることができる。問題志向、能力開発、苦行、そして多義機能課題である。本章ですでに述べたように、エリクソンにとって介入はひとつの技法のみでなされることはまれで、患者や問題に合うようにさまざまな技法を組み合わせ、ケースごとにあつらえられていた。エリクソンの課題処方のほとんどがそうであった。しかし例外的なものもあり、かなり多くの人々が同じ課題を与えられることもあったことも記しておきたい（スコーピーク登山、フェニックスの有名な山で、およそ1時間以内で登ることができる）。それでもどのような目的でこの課題

が処方されたのかについては人それぞれであった。この点については多義機能課題の中で述べたい。

問題志向課題

減量と禁煙を望んで，ある女性がエリクソンのところへやって来た。「食べるのをがまんできません。たばこをがまんできません。でも運動しないでいることはできます。それはできるんです」と彼女は言った。エリクソンは，彼女がとても信心深く，必ず彼の指示にはしたがうことがわかった。彼女は二層建てのアパートに住んでいた。そこで，彼女はたばこを吸いたくなったときには地下室へ行き，そこにおいてあるマッチを1本だけ箱の上に置かなければならなかった。それから屋根裏まで走ってあがり，そこからたばこを1本もち，また地下に走っていって，火を付け，ふかさなければならなかった。もしケーキを食べたくなったら薄く一切れだけ切り，それを食べる前に家の外を一回り走らなければならなかった。もう一切れ食べたければ，また薄く一切れだけ切り，食べる前に家の周りを2周，という風にしなければならなかった。すぐに彼女はたばこをやめ，減量しはじめた（Zeig, 1980: 195）。

他の例である。結婚して1年目の夫婦がやって来て，妻が夫のことを苦々しく思っていると訴えた。夫は寝室に入るだけですぐに勃起し，そしてベッドに入り，翌朝一人目覚める，というような感じであった。彼女は欲求不満気に説明した，「一度，一度だけでいいから，ベッドに入って，勝手に勃起しないでいてくれたら……一度でいいから，私にも女性の魅力があるのだと思わせてほしいの」彼女にとっては，自分を見てただ一緒に寝室にいること以上の彼を興奮させる何かが大切であり，自分に反応してもらいたかったのである。妻を面接室から出して，エリクソンは夫にことの重要性を説き，夜フニャフニャのペニスのままベッドに入るよう指示した。指示をより確実にするため，ベッドに入る前にマスターベーションを繰り返すようにも指示された。その夜彼女は夫を興奮させる喜びに満ちた時間を過ごし，女性として

の魅力を実感できた。夫への苦々しさもなくなっていた（Haley, 1973: 159）。

　これらの二つの例では，エリクソンの課題は，治療的上必要とされるものに合わせて，ストレートに常識的方法で出されている。これが私たちの言う「問題志向課題」である。注目してほしいのは，最初の例の女性が「たばこをやめなさい，もっと小食にしなさい」とは言われず，今まで通りのことを気持ちよく，でもある特定の方法で，続けるように指示されていることである。もう一つの例では，フニャフニャ状態のペニスでベッドに入るという指示は，あまりにも単純すぎて，治療と呼べるものか訝しく思われるかもしれない。しかしそれが治療的だったことに疑いの余地はなく，この夫婦の葛藤は低下したのであった。この技法のすばらしさは，その治療効率のよさにある。このシングルセッションの治療は，たとえば数カ月，数年と長引く治療とは好対照である。

能力開発

　ケイトおばさんと呼ばれる 70 歳の女性がエリクソンに難題をもちこんだ。彼女の両親は女性に教育など必要ないと信じていたため，彼女はとても聡明だったにもかかわらず，それまでずっと文盲であった。エリクソンに会うまでの 50 年間，彼女はその地方の学校の教師たちに格安で下宿させる代わりに，読み書きを教えてもらうことにしていた。その間教師たちも努力は重ねたが，最終的にはみなあきらめてしまった。エリクソンは，ケイトは何らかの心理的問題を抱えており，催眠が向いていると考えた。彼は彼女に，読み方を教えることを引き受けただけでなく，それを 3 週間でできるようにすると約束した。治療はまず催眠状態でおこなわれ，その後覚醒状態で同じことがおこなわれた。エリクソンは彼女に，まだ知らないことは何も学ぶ必要がない，昔学んだことだけが必要である，と語った。まず彼女に好きなように鉛筆をもたせ，紙になぐり書きをさせた。次に板に切取線を付けるようにまっすぐな線を書かせた。縦，横，斜めにまっすぐな線を書くように指示され

た。次にドーナツ型，半ドーナッツ型，逆さまに半分。彼女にこれらのいろいろな形の練習をさせた。

　次の面接で，エリクソンは積み重ねられた材木と完成した家とはほんの少しの差しかなく，家とはそもそも材木の結びつきにしかすぎないと話した。前回と同様の練習が続けられ，彼女は今までに覚えた文字の一部分を書き（線，円，半円），それらを組み合わせて文字を書いていたが，それが文字であることは知らされていなかった。これらの文字は彼女が知っているあるもの（たとえば‘L’は，短い足を下にした大工が使う曲尺に）と説明された。こうして彼女は文字を書き，それから単語を書くようになった。彼女は組み立てたものを特定のパターンで組み合わせ，それらに「名前」を付けることを学び，その名前は話すのと同じように付けられていることを学んでいった。こうして，少しずつ彼女はすでに知っていることを結びつけていき，驚くべきことに3週間以内に読めるようになった（Erickson, 1959a）。

　この例は能力開発課題のエッセンスをよく示しており，また患者は問題解決のための多くのリソースをすでにもっているということを浮き彫りにしている。したがって治療の目標は，患者のもつリソースを基礎としながら，それをさらに増大させつつ望ましい結果を達成できるよう，系統的な能力開発課題をいかに作り上げるかということになる。能力を少しずつ向上させる方法を使って，エリクソンは高校生の砲丸投げ選手を援助し，それまでの彼の58フィートという記録を塗り替えさせることができた。当初エリクソンはその選手が58フィートと58.1/100フィートの違いを言い当てることができるかどうか疑問であると伝えた。1/100フィート遠くに投げることができるのか。3/100フィート先は？というように。若者は3週間後国内の高校生記録を塗り替えた。彼は選手生活において世界記録を6回塗り替え，最終的に記録を6フィート10インチに伸ばした（Rosen, 1982: 102-5）。

苦行

エリクソンの出した課題のいくつかは，念入りなものでときに長くときに

骨の折れるものであったが，それらは「苦行」と呼ばれている。苦行はある個人だけに課されることもあるし（第2章57頁で紹介した「寝るか作業をするか」のケースのように），複数の家族に出されることもある。苦行にはさまざまな機能があるが，その一つは，苦行を続けるよりは症状や問題をあきらめてしまう方がよっぽどましだと思われるところにある。

　ある少年は，額の汚い腫れものをいつもつついてばかりいたので，決して治ることがなかった。自傷行為は2年間にわたり，腫れものについての説明や医療上のアドバイスや治療（バンドエイドさえも）を拒否し，友人からの説得や脅しも効かず，体罰を受けても変わらなかった。これはどうしようもない悪い癖だと少年は考えるようになった。エリクソンは，いつものように，彼に宿題をやらせてみたところ，単語の脱字が多いために綴りにミスが多いことがわかった。また週末の家の雑用は彼の仕事になっていることもわかった。家族の了解を得て，エリクソンは課題を処方した。少年は土曜日と日曜日，朝6時から夕方まで書き方練習——頁の上から下まで「おでこの腫れ物をつつくのはよい考えだとは思わない」という文章で埋め尽くすこと——をしなければならなかった。この文章は，エリクソンとの話し合いの中で少年自らが選んだものであった。彼は自分の書いた文章と綴りを丹念に調べた。彼はその中で一番よくできているものに気付き，どうすればもっとうまくできるかも気が付いた。彼が課題に取り組んでいるあいだは，父親が責任をもってそれまで少年がしていた雑用をこなしていた。休憩中に彼は部屋を出て，父が自分の代わりにきちんと雑用をこなしているかどうか調べた。彼は庭に落ち葉が落ちているのも見つけると喜んで指摘した。

　1カ月が経つうちに，腫れものは治り，庭をいちいち確認する必要もなくなった。少年の書き方や綴りも改善された。書写は，実際，苦行であった。「君は悪い癖をもっている——脱字が多い」少年と家族はその悪い癖を克服することに合意した——彼らは同時に二つのことをやり遂げたのである（Haley, 1985c: 100-4）。

多義機能課題

　課題処方について紹介しているところで，エリクソンがしばしば患者をスコーピークに登らせたことはすでに述べた。これは場合によっては多義機能課題となる（詳細については Lankton and Lankton, 1983 を参照のこと）。ある意味で，多義機能課題は，エリクソンの介入でもっとも独創的なもののひとつであり，もっとも純粋に患者のリソースを尊重したものであろう。これらの課題はあきらかな意味や意図をもっているのではなく，ある種の行動を患者に促す技術である——彼らの体験は彼ら自身によってもたらされるものであり，おそらく彼らが学ぶ必要のあることである。

　以下のケースでは課題を象徴的かつ多義的に利用している。

　ある精神科医とその妻がペンシルバニアから夫婦療法を求めてやって来た。彼らは手短に現状を説明した——夫は，自分では否定しているが，開業したもののふるわず，13 年間にわたり週 3 回の精神分析を受けていた。彼女は夫を助けるために好きではない仕事に就いており，彼女もまた 5 年間にわたって週 3 回の精神分析を受けていた。エリクソンは夫をスコーピークに登らせ，頂上で 3 時間過ごし，その結果を翌日報告するように指示した。妻にも同じような指示を与えて，砂漠植物園に行かせた。

　翌日，夫はとても素晴らしい体験をしたと報告した。妻は植物園での 3 時間は，人生でもっとも退屈な時間で，もう二度と行きたくないと報告した。次に妻にはスコーピークに登る指示が，夫には植物園に行く指示がそれぞれ与えられた。翌朝，夫は水分もほとんどない灼熱のアリゾナという厳しい環境の中で，とても多様な植物が生息しているのを見ることができてとてもすばらしかったと報告した。彼は本当に感激していた。一方妻はエリクソンに「私はあのくそ忌々しい山に登りました。あの山をののしりました。自分自身ものしりましたし，何よりも一歩一歩足を進めるたびに先生を心からののしりました。こんな山に登っているなんて，なんてバカなことをしているのだろうと自分でも不思議でした。まったくつまらなかった。そんなことをしている自分を憎みました。でも，先生が私にそうしろと言ったから私はそうしたのです。頂上まで登りました。つかの間少しの満足感を感じましたが，

それも長くは続きませんでした。それから一歩一歩先生と自分自身をののしりながら山を下りました。もうあんな山には二度と決して登りたくはありません。もう決してあんなバカなことはしません」と報告した。

その午後は，どちらかの課題を自分で選び，そして翌朝報告するように指示された。夫は植物園に行き，楽しい時間を過ごすことができたと報告した。妻は，驚くことに，もう一度スコーピークに登ることを選んだ。二度目はもっと嫌になった。そしてエリクソンをののしり，山をののしり，そして自分をののしりながら山を登り，降りてきた。そしてエリクソンは，これであなたたちの治療は終わったと告げ，ペンシルバニアに送り返した。彼らは家に帰ると二人の分析家をクビにした。夫は仕事に力を入れなんとかしはじめた。妻は弁護士を雇い，夫と離婚した。彼女はもっと自分のやりたい別の仕事を見つけ，幸せになった。エリクソンは，「彼女は日々の結婚生活のストレスという山登りに疲れていた……。彼女の象徴的な報告がすべてを物語っていた」と語った。このケースの後日談で興味深いことに，彼らを治療していた分析家と妻が，その後夫婦療法を受けにエリクソンを訪れたのだった（Zeig, 1980: 146）。

不同意

本書の別の章で示唆したように，患者によっては指示された課題にしたがわないと決める場合もある。多義機能課題は投影法としても機能し，課題それ自体が患者の中に何らかの洞察をもたらすことができる。だから課題への患者の反応は（それに従わなくとも），患者についての重要な情報と，治療態度を表している。

肥満女性がエリクソンに減量したいと治療を求めてやってきた。彼は日の出の時間にスコーピークに登る課題を与え，さらにやはり肥満だった彼女の息子も一緒に連れていくことができるかどうか尋ねた。彼女が次の面接にやってきて，彼女も子どもも登山できなかったと報告した。彼女は痩せたいなどとうそをついたことを取り消したいが，それでもいいだろうかとエリクソンに尋ね，彼はまったく気にしないと答えた（Rosen, 1982: 126-7）。

第3章　主要な技法　115

このケースは，不同意でも治療的な意義があることを示す好例である。指示にしたがわれなくとも，まだ本当に減量する準備ができていないという気付きを患者が得ることができたのである。その気付きによって，患者は多大な努力を先延ばしでき，減量に失敗するという不快感を避けることで，減量が不可能であると思わずにすんだのである。このケースでは彼女は何も失敗していない。なぜなら彼女は何もしないことを選んだのだから。

結　　論

著者として，この章を通してミルトン・エリクソンが果たした心理療法への技法上の貢献を徹底的に概観できたとしたら，とても喜ばしいことだと思う。しかしそれは無理な話である。たった1章では，いえたとえ1冊の本であったとしても，それを成し遂げることは不可能である。エリクソンの介入法は，とても豊かで，それぞれの患者に合わせたものである。彼自身の技法のレパートリーもとても幅広く，患者のリソースにそれらを合わせていった。それでも，この章ではエリクソンが心理療法に貢献したいくつかのユニークな技法について概観することができた。

さまざまな心理療法の領域の中でも，彼の技法がもっとも貢献したのは催眠の分野である——彼は臨床催眠の正統な実践家としてその名を刻んでいる。彼は催眠に強い関心をもち，催眠と催眠現象の科学的研究，そして臨床的性質の研究に，多大な貢献をおこなった。彼は治療過程にさまざまな催眠現象を適合させ，それまでに観察されていなかった新しい催眠現象を開発させした（腕浮揚がその例である）。エリクソンと会話することができず，催眠に入れるとは思っていなかった未経験の女性に，パントマイム・テクニックをもちいて見事に催眠に誘導したことからもわかるように，エリクソンは催眠にとても精通していた。

さらにエリクソンは，メタファー，逸話，二重拘束，逆説的介入，含意や課題処方など多くの「非催眠的技法」も開発した。これらの技法は症状に焦

点を合わせた短期のアプローチにうまくフィットした。これらの技法は，もちろんさまざまな問題を解決するために患者や患者の生活にあるあらゆるものを利用するという考え方にもとづいてもちいられた。

催眠における介入に関してエリクソンは多くの技法を開発しているが，入門書の中で解説するには無理がある。散りばめ技法，混乱技法，催眠性の夢遊状態などは催眠トレーニングの上級コースで扱われるのが望ましい。同様の理由から，多義的に埋め込まれたメタファー，象徴の利用などの複雑な概念については，触れなかった。それらはとても高度な技法であり，催眠，非催眠のどちらの状態でももちいられるものである。

彼の革新的な技法を完全な一覧表の形でここに紹介することはできないけれども，この章を通してエリクソンの技法についてある程度俯瞰できたのではないかと思う。これらの革新的技法は今後とも広く理解されていくだろう。そしてその根本にある哲学は多くの実践家に広く受け入れられつつある。さらに格言にもあるように革新は批判を産み落とす。次章では批判的評価について検討していきたい。

注
　1）このケースについては，『ミルトン・エリクソンの心理療法セミナー』（Zeig, 1980）の付録に，技法についての詳細がある。
　2）答は星形である。

第4章

批判と反論

> 理論にもとづいたいかなる心理療法も誤っていると思います。なぜなら人はみなそれぞれ違うのだから。
>
> Milton H. Erickson （Zeig, 1980: 131）

　この章では，エリクソンの業績へ向けられた批判を概観し，その妥当性を検討する。エリクソン的な視点から見れば，さまざまな批判は，そもそも妥当であると同時に不当であると考えられる。次に簡単な例を示そう。

長所

　エリクソン流のアプローチは，各患者の長所やリソースや独自な側面を見分け，それらを問題解決の中へ織り込んでいく。治療者の患者への見方を狭めたり制限したりするような強固な理論的な束縛から自由である。患者の無意識は，調整的な情報や有効な解決をもたらしてくれる強力な同盟である。だからこそ，洞察を得ずとも，短期での治療が可能となるのである。問題とみなされていたものは解決され，患者は，心理療法のために多大な時間を費やすことなく，みずからの生活へと向かうことができるようになるのである。

　治療者のリソースもまた問題解決を促進する。ミルトン・エリクソンは，患者とうまくラポールをつくり，彼らの現実的世界で彼らに加わった最高の医師であった。彼の鋭敏な知覚と工夫の才能が，はかりしれないくらい治療効果を高めた。

短所

エリクソン流の治療アプローチは，理論的枠組みに欠けているため，調査することも教えることも容易ではない。未熟な治療者が介入のやり方を上達させるためのプロトコルももち合わせていない。介入法によっては，患者の意識を超えて患者の無意識を利用するものがあるが，このやり方は，操作的で，インフォームド・コンセントの原則に反するのではないか。また介入はしばしば指示的であるので，治療者のバイアスや職権乱用の悪影響をこうむりやすくなる。批判者は，洞察が重要視されていないので治療によってもたらされた変化は表面的なものに過ぎないと，主張する。また彼らは，エリクソンはカリスマ的でカルト的であったために患者に影響力を行使できたのであって，彼がなしたことは彼にのみ可能であった，と論じている。

半分しか，半分も？

これまでに述べた長所と短所は，どちらもいくぶんかの価値をもつ。ここまでの各節では彼のアプローチの同じ側面を異なる観点から述べてきたのである。たとえば，彼の無理論性については，各患者のために個別の介入法を発展させる下地であるとともに，標準的な調査研究や教育方法を困難にしている要因でもある。

この章の冒頭で，批判を妥当であると同時に不当であるとみなすことは，「エリクソン的」なやり方であろうと示唆しておいた。短所の中に長所を，問題の中に解決を，そして患者の状況の中に治療的逆説を見いだす能力は，エリクソンが患者を援助するときに発揮した彼の非凡さの一部である。

批判

この章の残りでは，エリクソンの治療への一般的な批判について詳細に検討していく。数少ない例外を除いて，これらの批判は大きく分けて四つのグループに分類することができる。彼の治療の無理論性に対して理論的な批判がなされているが，その中には次のことが含まれる。

1．調査研究が不足している。

2．その治療を学ぶのは困難である。

3．経験の浅い治療にとっては，治療の具体的な進め方がとらえられない。

倫理的な批判は，以下のようなものである。

4．その治療は操作的である。

5．指示的である。

6．その技法は，表面的である。

彼個人への批判としては次のようなものがある。

7．エリクソンは，カルト的存在である。

8．彼はカリスマ的であったに違いない。だからエリクソンだけが，あのような治療がおこなえたのだ。

治療への限界については次のような批判が予想される。

9．その治療がうまくいくのは，特定の人に対してだけである。

10．そのような治療だと，生計を立てるのに多くの患者を必要とする。

批判の妥当性を検討する

　さて，エリクソンの業績のネガティブな側面とされているところについて検討してみたい。批判の文脈と性質について検討しておくことは有意義である。一般に受け入れられている心理療法には，精神分析，認知療法，認知行動療法，行動療法，来談者中心療法，ゲシュタルト療法，実存療法，集団療法などがある。それぞれには，他の心理療法がおこなっていない何かがあり，その「何か」がその心理療法を他のものから区別し，独自的なアイデンティティを与える。その本質的な差異は，それぞれの心理療法が，標準からあるいは一般おこなわれている心理療法から，どれくらい異なっているかによって測られる。それはまた諸刃の剣であり，差異によって，何かが失われ，何かが得られるのである。

　ある心理療法には，不適切と思われる何かをすること（過剰）によってか，

必須と思われる何かをしないこと（欠落）によって，違いがあるかもしれない。たとえば，アレキサンダー・ローエンのバイオエナジェティック・アプローチは治療者患者間で濃密な身体的接触を必須とするが，そのようなことは他の多くの心理療法では禁止されている。またソリューション・フォーカスト・アプローチのようなブリーフセラピーは，洞察を狙わずに変化を引き出そうとする。洞察は精神力動的心理療法においては本質的なものと考えられているので，そのような治療者にはブリーフサイコセラピーは不完全なものと映るかもしれない。

　ほとんどの批判は，少なくとも何らかの基盤を現実の中にもつので，自己の利益にかなう視点から評価がおこなわれるとしたら，なにがしかの曇りがあるかもしれない。それらの評価は不完全なだけではなく，誤った結論を導くかもしれない。あらゆる心理療法は，同様の論理的誤りにもとづいた批判にさらされる可能性がある。まず，他の心理療法とは違う独特な特徴が同定され，次にそれが過剰か欠落を意味するということで評価を下げられるのである。たとえば，（学習理論にもとづく）行動療法家への批評家は，その理論が還元主義的な視点をもつので，行動を自己調節する仲介者としての個人の自由意志を考慮に入れず，そのため洞察が得られず，症状置換が起こりやすいと述べることがある。実際，理論の還元主義的性質のおかげで，比較的シンプルで効果的でありながら誰もが使いやすく判定しやすい介入方法が開発されている。行動療法の還元主義的性質への批判は，還元主義的側面のもつ価値の全体像を描けているとは言えない。同様に，症状置換が起きるだろうという推定は誤りである。カジン Kazdin（1982）は，文献を調べ上げて，症状置換（ある症状を治療すると別の有害な症状に置き換えられるという現象を指す）は，症例報告の中で取り上げられることはあるが，行動療法で出現しやすいという実証的な根拠は見いだしがたかったと報告している。洞察に関して言えば，カウテラ Cautela（1993）は，行動療法をおこなっている際に自発的にあるいはときには治療者の導きによって得られた洞察について記述している。

当然ながら，広い視野で治療法を検討し，意義深い結論を描いている価値のある批評も存在する。電気痙攣療法（ECT）は，過去数十年にわたってひどく混乱した患者にしばしば用いられた治療法である。ブレギンBreggin（1979）は，ECTの否定的側面を検討し，前行性の記憶障害をともなう恒常的な逆行性健忘がもっとも多い副作用であることを見いだした。その結果，その後周到な研究が，ECTの使用法をより洗練したものにしてきている。

エリクソンの治療を取り巻くさまざまな懸念を検討しながら，私たちは（彼ならきっとそうしたであろうように）片目をその批判の根拠と完全性に向けながら私たちの評価を進めていきたい。

理論的批判

エリクソン流の心理療法は無理論的であるので，強力な理論的な土台に由来するような長所に欠けているという批判にさらされやすい。特によく整備された理論は，科学的な研究になじみやすいし，学習が容易になる概念的な枠組みを提供するし，その概念的枠組みは治療マニュアルの発展を容易にする。理論にもとづく長所の欠如は，エリクソン流の心理療法は実証的に研究されえない，学習するのが困難である，初心者向けのマニュアルがないなどの批判を生み出してきた。

エリクソンは，心理療法をおこなう際，理論を制限するものとして避けてきた。確かに，個々の患者にあった新しい介入法をつくり出すことがエリクソンの目的であった。彼は患者にとってのもっとも効果的な治療戦略というものは，患者のニーズにもっともよくマッチし，患者独自のリソースをもっともよく活用するものであると考えていた。理念的には，この指向性は，個人個人に共通するプロセスの存在を前提とするようなさまざまな理論的心理療法の対極に位置する。『ランダムハウス辞典』（1994）は理論を，「現象の集合（クラス）を説明する原理としてもちいられる整合性のある認識体系」と定義づけている。心理療法の理論を応用可能なものにするためには，クラ

スやサブクラスのメンバー（患者）は，同類として扱われなければならない。理論に束縛された心理療法は，クラスのメンバー間の共通性を仮定する（たとえば，精神分析は，あらゆる患者は同じ発達段階を通って成長すると仮定している。行動療法は，問題行動はある特定の条件付けされた刺激（群）への反応であると仮定している）。

研究

クラスのメンバー（ここでは患者を指す）の概念的標準化によって理論は，整合性のとれた説明原理を描くことができ，説明原理はその反復的で予測的な性質によって調査研究を可能とする。エリクソンは，心理療法の理論は固く拒否したのだが，少年の頃からさまざまなアイデアを試し評価するための方法を追求した熱心な研究者であった。彼はミシガン州のエロイーズ病院在職期間中，研究部長だった。彼の経歴の最初は，研究者であり，次いで，臨床家，指導者となった。エリクソンは，古典的な実験の方法論を身につける一方，催眠現象については経験主義者というよりも人類学者のように研究した。彼は集団を統計的に調べるよりも個々の違いについての研究をおこない，一人一人の独自性を強調する姿勢を貫いた。

エリクソンは，彼が臨床的におこなったことの多くは，患者間，研究室間，被験者間に相違が存在するため伝統的な実験的方法によっては検証しえないと考えていた。被験者の独自性についてどのようにこだわっていたか，催眠をめぐる議論で次のように発言している（Erickson, 1960 頃； Rossi, 1980b）。

私は，どうやってトランスを誘導するかということについて一般的に理解されることに特に付け加えることはありません。ただし，次のことだけは別です。それは，一人一人の違いや被験者固有の特徴と高度に個人的な催眠関係の特性のために十分な準備をおこなうことの重要性を強調しておきたいということです。

その議論の後半で、彼は標準化された誘導についてコメントしている：（略）録音機器の発する統制された暗示による催眠現象の定量的分析がさまざまにおこなわれてきた。**あたかもそのような方法は、それぞれ異なる被験者に引き起こされる反応の性質や程度を統制できるかのごとくである**（p. 304; 太字は引用者による）。

催眠の被験者も心理療法を受ける患者も標準化された方法によっては効果的な治療ができないという確信から、エリクソンは、異なる研究方法を編み出していった。初めて催眠の実験をおこなった年を振り返ってみよう。エリクソンは、被験者との実験を記録していた。それは、トランス誘導の方法を引き出された催眠現象と同じように記録したフィールドノートだった。彼はそれを要約し、クラーク・ハルの学部セミナーに報告した。

ロッシ（1980a）は、エリクソンは催眠療法のほとんどを実験的にそして実地踏査的にとらえていたと述べている。エリクソンは、トランスの反応性を個人に特異的とみなしていたので、催眠者は、人によってそれぞれ異なる催眠現象の現れ方に用心深く集中していなければならないと考えていた。長年にわたって、彼が観察し反復した現象に関する豊富な記録と説明を残し続けた。彼のフィールド観察の方法には、心理療法において患者の反応を研究する方法に通じるものがある。

伝統的な研究をおこなうためには、エリクソン（1960 頃）は、実験と臨床でそれぞれにふさわしいトランス状態を区別することが重要になると考えていた。実験の際のトランス状態は、臨床におけるトランス状態とは被験者の没入する程度、深さにおいて異なった。実験の被験者も暗示に反応するのだが、暗示をそのとき生起している体験に取り入れるだけであり、その被験者の体験は催眠者のコントロールを離れていくこともある。エリクソン（1960 頃）は若い男性の例を挙げている。彼は牛乳を運搬していたときのことを再体験していた。荷馬車の前をガチョウの群れが横切っていたので、彼はガチョウが通り終わるのを待っていた。エリクソンは、幻覚のガチョウを

知らず，馬が荷馬車を引っ張って進み続けると暗示していた。後で被験者が，ガチョウを踏まないよう馬の手綱を引き締めていたことがわかったのである。被験者はエリクソンの暗示を取り入れるが，そのために自分の内的体験をすっかり修正してしまうようなことはなかったのである。

　それと比べて，臨床的に望ましいトランスでは，被験者や患者は催眠者に反応し，暗示に従って内的体験を修正するだろう。エリクソンは，妥当とされる研究の多くは被験者の臨床的に反応するトランス状態でなされたもので，それゆえ実験者の言語的非言語的期待に沿うようにおこなわれたものであると考えている。被験者がこの水準の反応性で実験をおこなうことはあきらかに（実験者の期待に）汚染された結果を産み出すであろう。

　実験者の期待によるバイアスの問題は，実験向きのトランス状態をたびたび経験した被験者の協力による研究によって確認された。彼らは催眠に誘導され，彼らに示された指示に十分に反応するように，そしてそれは指示を与える学生たちの**期待に添う**ようにおこないなさいと指示された。学生には，さまざまな暗示の文章と催眠被験者から引き出されるべきターゲットの催眠現象が提示された。催眠被験者は，提示されている催眠現象（たとえば腕浮揚や幻覚など）はすべて起こすことができた。指示を与える学生はいくつかのグループに分けられ，各グループには，グループごと別々に被験者はある一つの催眠現象以外すべての催眠現象を起こすことができると説明された。結果は，催眠被験者は学生たちの暗黙の期待に添うようにおこない，学生たちが被験者ができないと思っていた特定の現象だけは起こすことができないというものだった（Erickson, 1960）。

　このような実験者バイアスの研究は，エリクソンのフィールド実験と臨床観察による研究の典型例の一つである。伝統的な研究方法をそのまま臨床研究に応用することは不可能であるという認識から，エリクソンは他の評価方法を探った。彼は，自分の介入の結果を長期間フォローアップするようにした。患者を月単位，年単位でフォローしているケースは，数多くの文献で見いだすことができる。『アンコモン・ケースブック An Uncommon Casebook』

で，オハンロンとヘキサム O'Hanlon and Hexum（1990）はエリクソンの316 ケースについて報告しているが，そこにはほとんどのケースのフォローアップの期間と結果が載せられている。

　エリクソンの多くのアプローチは実証的に研究できないという批判は，部分的には正当である。しかしながらエリクソンは，実証的な評価に耐えうるいくつかの現象を示している。実際，催眠と催眠現象の研究における彼の貢献は，際立ったものである。彼はまた臨床的ケース研究においても重要な貢献をおこなった。彼の心理療法は，変化を指向していたので，あらゆる介入は実際の結果と比較検討が可能な成果が得られるよう案出されている。エリクソン流の心理療法を学び実践する心理療法家は，意図した結果と実際の成果を容易に比べることができる。これは N=1 の研究方法として知られているもので，どんな心理療法をおこなう臨床家にもお勧めの方法である。

学習

　エリクソン流の心理療法は，理論的基盤がないため——方法を理解するための理論体系がない——学習するのが困難であると批判されてきた。しかし理論の欠如は，エリクソン流の心理療法を学び実践することの妨げにはならないであろう。エリクソンの治療論を学ぶ上で役に立つ基本原則（第 2 章を参照）はある。ここでの私たちの目的は，心理療法を習得するプロセスは，理論体系とどのように関係があるのかをあきらかにすることである。さて理論とは何だろうか？

　もし心理療法を習得する際に，指導理論があることのメリットとないことのメリットを比較検討するのであれば，理論に忠実であることによって得られるものと失うものが何であるかを調べなければならないであろう。歯切れの良さ（それゆえの論議を招く），わかりやすい治療手順は，明快に規定された理論から得られる恩恵であり，そのため研究はより単純で限定的なものとなるであろう。エリクソンは，理論に執着することは治療者の注意を制約することになるので治療の選択の幅を狭めてしまう，理論は各患者の独自性

に十分敬意を払うことを困難にする，さらに重要なことに理論が問題解決のための源泉として期待されてしまう，治療に有意義なリソースは患者によってもたらされるという考えとは反対に，と述べている。これらが理論に執着することにまつわるコストであり，エリクソンはそのコストは高くつきすぎると主張していた。

　日常生活について振り返ってみよう。多くの人は自転車に乗る。乗れるようになるためには技術を必要とするが，それは経験で得られるものである。自転車に乗ることは，身体運動の応用でもあるが，多くの人はそのことに内包される科学的な原理を知らずに乗っている。有能な物理学者なら，自転車に乗って通りを進んだり，曲がったり，安全に車を避けたりということに潜む原理をあきらかにし，理論体系の中に組み込むことであろう。しかし，そのような理論にはあまり生活上の価値がないだけではなく，マウンテンバイクにはほとんど役に立たないであろう。似たようなことが，日々臨床を営む心理療法家の場合に当てはまらないだろうか。

　エリクソンの生徒は，実際にやってみて，経験して学んできた。彼らは催眠を誘導され，逸話を聞かされ，植物園に散歩に行かされ，スコーピークに登らされた。彼らはデモンストレーションを見たり，パズルを解いたり，ことば遊びをしたりした。彼らはさまざまな**体験をした！**　彼らはエリクソンの患者が治療されたのと同じやり方で多くのことを学んだ。彼らの長所が利用され，教育目的に与えられたメタファーはその人に合うよう選ばれた。

　批判は，このアプローチは習得することが困難であるというものだった。そうとも言えるかもしれない。明快な理論的な解釈や説明のない学習体験というものを信用できない人もいるかもしれない。しかし経験の土台は非常に貴重であり，おそらく治療状況ではるかに容易に活用できるものであると思う。患者をいかなる理論にも照らし合わせる必要がないのだから。

　最後に，多くの心理療法を習得するということには困難がつきものであるということを知っておいてほしい。またどんな心理療法も部分的に取り込んでいる経験的な学習から理論的学習の相対的な価値をより分けるのは不可能

である。このことから，たとえば精神分析家を向上させるのは，理論に精通することなのか7年間の教育分析なのかというような疑問が生じてくる。

マニュアル

　ある批評家は，エリクソン流の心理療法は臨床家を導くためのわかりやすい治療マニュアルを提供していないという指摘をしている。これはその通りである。エリクソンは，「Xさんのための心理療法は，Yさんのための心理療法とは異なる」と主張し続けた。パニック障害のような問題に対応するときも，治療手順を順序どおり踏んでいくというやり方は避けた。どのようなマニュアルも患者の能力，長所やリソースを考慮に入れることができない，というのがその理由だった。どのような治療マニュアルも，患者の全体性ではなく症状に焦点を当てている。マニュアルは，その症状のシステム的な作用をあきらかにできない。それはどんな子どもにも鉗子分娩をおこなうことに似ている。マニュアルでは，個人は他の誰とも違わない存在として扱われるが，そうしたことが抵抗を生んだり，治癒過程を混乱させるかもしれない。治療マニュアルは，エリクソン流心理療法の哲学に反するのである。

　とは言っても，エリクソン流の心理療法を学ぶものたちに，手引きがないわけではない。この本では，治療マニュアルを意図したものではないが，六つの基本的な原則を示すとともに，催眠とその適用の概観やいくつかの技法についても記述している。エリクソンと彼の治療に関する書物は100を越えている。世界に75以上の協会があり，エリクソン流の心理療法のトレーニングをおこなっている。フェニックスにあるミルトン・H・エリクソン財団は初級，中級，上級向けにそれぞれ五日間の集中トレーニングコースを実施している。また多くの著名なエキスパートが世界を飛び回って専門家向けのワークショップをおこなっている。

　このおびただしいまでに豊富な学習の機会で，初心者は繰り返しシンプルでとても重要なメッセージを受け取るだろう。あなたの患者によく注意を払いなさい，と。その人こそが，問題，現象，内的なリソース，変化への準備

性，反応性の状態を理解するための手がかりなのである。もし臨床家が個人の独自性を指向性するなら，第2章で述べた原則を心に留めながら，エリクソンによって磨き上げられたさまざまな技法に親しんでほしい。そうすれば，より効果的な介入をおこなえるようになるだろう。

簡潔に言えば，**その患者こそが，どのような治療をおこなうかを定める情報の源であって，症状や理論でもなくましてや治療者の好みによってではない**。このことが，「プロセス」に関連して他の治療モデルと異なる点である。他の治療モデルは，ある予期をもたらす。論理情動行動療法（認知行動モデル）は治療者に，情動反応とそれに続く行動を媒介するような特定の考え方を探し求めるよう仕向ける。体系的脱感作法（行動療法）は治療者に，治療手順を定めるために，不安反応を引き起こす刺激の階層をあきらかにするよう仕向ける。エリクソン流のモデルは治療者に，何を予期すべきかではなくどこを見るべきかを伝える。患者独自のパターンに焦点を当てるのである。

繰り返しになるが，エリクソン流心理療法への批判は，初心者向けのマニュアルや明快な治療モデルが存在しないということであった。この心理療法の哲学を守る限り，マニュアルや明快な治療モデルは不可能である。しかしながら，エリクソン流心理療法は幅広く適用可能なものであり，単純さが失われることは適用を広げるための対価なのである。

倫理的批判

エリクソン流の心理療法には，少なくともいくつかの点で倫理的に問題があるのではないかという批判がある。具体的に言うと，操作的である，指示的である，皮相的である，というものである。前者の二つは，体制的な批判である（たとえば，この心理療法はしかじかの理論では禁止されていることをおこなっている）。皮相的だという批判は，完璧な治療を提供する上で本質的な何かをおこないえていないという信念を反映したものである。

概観

　どんな心理療法も治療のための規範を設けている。規範は，その心理療法で何をおこないうるかの限界を設定する。広く受け入れられている心理療法から決別したエリクソン流の心理療法は，そのような心理療法のいくつかの規範や条件に背いている。だから，そのような逸脱が患者にとって有害なものか役に立つものか，それらが単に問題解決の別の哲学を反映しているにすぎないのかどうかが評価されなければならないだろう。前述したローエンのバイオエナジェティック分析は，精神分析が定めた身体接触の禁止を大幅に踏み越えるものであるが，患者たちは身体接触からあきらかな有害作用なしに利益を受け続けている。精神分析の治療構造の中で，同様の身体接触がおこなわれたならば，患者／分析家関係に重大な悪影響を与えその後の効果的な分析を不可能にするかもしれない。

　とは言っても，しかしながら，心理療法を問わず普遍的な倫理的要件も存在する。たとえば，患者との性的な接触は普遍的に禁止されているし，いかなる理論的あるいは無理論的心理療法からも支持されないだろう。患者の秘密を遵守することは倫理的な規範であるとともに合衆国では法律的にも定められている。そのほかにも普遍的に受け入れられている倫理事項は存在するが，それらがエリクソン流の心理療法への批判の根拠になっているわけではない。

　エリクソンは，催眠の有害な影響，悪用の可能性，とりわけ不適当な操作のための手段になるのではないかというような数々の懸念について熟知していた。彼は強固な個人的な倫理観から，これらの懸念について検討をおこなった。1932 年，エリクソンは「**異常社会心理学雑誌** the Journal of Abnormal and Social Psychology」に，催眠の有害な影響に関する入手可能なすべての文献を渉猟して総説を発表した。当時の主だった懸念は，催眠は，人格を奴隷化させるのではないか，情操を破壊するのではないか，無垢な被験者を人形のようにしてしまうのではないか，というものであった。エリクソンは，そのような懸念を正当化するような実証的な研究は見られなかった，

と述べている。彼はまた，催眠をかけられた人は，被暗示性が過剰に亢進する，人格が変化してしまう，現実とファンタジーを区別できなくなる，不健全な心的態度になる，現実から逃避してしまうなどの問題が生じるかどうか調べてみた。彼は，約300人の異なる被験者と実験をおこない，そのうち何人かは4～6年の間に500回以上催眠に入った。彼は，上記の懸念を証明するようなケースは一つも見いだすことができなかった。

　また一般に，催眠をかけられた被験者は反社会的な行動や自らの価値観に反する行動をとらされうるのではないかという恐怖感があった。エリクソン（1939）は，覚醒状態と催眠状態の被験者の行動の統制された比較研究をおこなった。被験者は，非倫理的なあるいは彼らの価値観に反する課題を与えられた。すべてのケースは催眠状態で，その課題に応じることを断った。あるケースでは，覚醒状態の方がより従順さを示し，催眠状態ではより苛立ちを示した。エリクソンは，催眠を悪用して被催眠者に彼ら自身や他者を害するような誤った行動をとらせるようなことはできないと結論づけた。

操作的

　エリクソン流の心理療法が操作的であるという批判は，ある種インフォームド・コンセントに関わる問題に由来している。エリクソン流のアプローチは，多水準のコミュニケーションを重要視しており，リソースを動員するために無意識を活用する。このようなやり方では，治療的な影響は意識的な気づきを越えたところで働きかける。では，もし意識に知らさなければならないとしたなら，一体どうすればインフォームド・コンセントを得ることができるのだろうか。

　この問題を，治療過程に含まれる暗黙の葛藤がさらに複雑化する。葛藤は，患者は変化を求めているが，一人で意識的な努力をおこなってもうまくいっていないという事態に由来している。無意識的なリソースを動員する多くのエリクソン流の介入の場合，インフォームド・コンセントを得ようとすることは，その介入の有効性を損なうことになるであろう。たとえば，ジョンが

家を出て大学に行きたいと思っても，両親が嫌悪するのがわかりきっている
ので，行動に移すことができないというケースの場合である。彼にきちんと
両親に向き合ってはどうかという直接的な提案は，以前の激しい拒絶に終わ
った話し合いを想起させるかもしれない。しかし，ジョージ王から独立する
際のアメリカについての適切な歴史的なメタファー（そしてあたかもジョン
が愛国の戦士や革命の志士かのように）であれば——祖国との対決の末に同
盟関係が樹立し互いに尊敬し合う関係になったこと——異なる結果をもたら
すかもしれない。この例では，インフォームド・コンセントはジョンに，多
水準のメタファーを使って彼の行動に影響を与え，彼の状況にこれまでとは
違う考え方ができ，その結果彼は葛藤的な計画を実行に移そうと両親と話し
合えるようになるだろうと説明することになるだろうか。ジョンは承諾する
かもしれないが，メタファーの効果はかなり限られたものとならざるを得な
いだろう。

　メタファーは操作的だろうか？　しかり。この架空の介入は計画的にジョ
ンの選択をリフレイムし，それは単に両親の意見に相容れない選択というも
のとは別の何ものかにしている。それはまた彼に，以前ならひどくストレス
フルと考えられた選択を実行に移す機会を与えている。臨床的に言えば，操
作はまさに，ジョンが治療に来て得るべきものである。治療に来る前には，
ジョンは家族の平和と個人的な願望との間で葛藤していた。ジョンは，ほか
の患者にも言えることであるが，すでににっちもさっちもいかない状態（変
化への抵抗）で行き詰まりを打破するために治療を求めることを意識的に選
んだのである。彼に家にいて苦しみ続けることもできるし葛藤に向き合うこ
ともできるとしか言わないような治療は，治療とはまったくもって言えない
のである。

　治療への合意ということが取りざたされるようになったきっかけの医療で
は，そのダイナミクスはまったく異なる。患者は援助を求めている。たとえ
ば自分ではどうにもならない胸痛などのために。診断とそれにもとづく治療
方法（開胸手術）は，そのメリットと予想される危険性とをあわせて彼に説

明される。そこには，治療方法を十分に理解したとしてもその治療の効果が大きく変わってしまうことはないという前提がある。だから患者に治療方法を選択させるべきであるとされている。

　心理療法の領域では，詳細な治療方法の同意を得ることは，すくなくともいくつかの場合には，禁忌であるとさえ言えるだろう。意識的認知と，「自己—意識的」認知とでも呼ぶべきもの——単に治療を体験することを越えて全治療プロセスを通じて自分を観察する——の間には違いがある。ジョンの例を用いるなら，メタファーを聞いて生じる（説明されていない）意識的認知は，何とかやれそうであるという感覚であったり，両親との葛藤に直面することのコスト／利益比率をよく理解できることであったりするかもしれない。同様の介入による（説明されていない）ネガティブな「自己—意識的」認知は，「それでぼくは自分をジョージ・ワシントンか誰かのように考えることになっているのかな。あまりに不似合いだな。彼は，仕事や家や自分の判断を支持してくれる妻をもっていた。ぼくがママやパパに向き合うこととは関係ないな」だから患者がいつ「自己—意識的」認知をもつのがよいのか，治療者は慎重に判断しなければならない。

　異なるアプローチなら，十分な治療方法の説明の上での「自己—意識」認知にメリットがあるかもしれない。たとえば，「眼球運動による脱感作と再処理 Eye Movement Desensitization and Reprocessing: EMDR」法では患者に詳細に治療手順とそれらがどのように作用するかを説明し，患者は治療中に体験する内的プロセスを治療者に報告するよう求められる。

　要約すると，エリクソン流の心理療法は操作的であるとされるが，それは正しい批評である。効果的な治療というものはある程度操作的であるというのが筆者の立場である。そして一般に「操作」という用語にはネガティブな含みがつきまとっているので，その操作が有益なものであるかどうかを改めて判断すべきであろう。もっとも指示的ではないとされるロジャース流の心理療法で言われる積極的傾聴という方法は，患者をより理解するためにもちいられている（患者にもっと話すよう操作している）。ロジャース流の操作

はさまざまなエリクソン流の操作と同様に，患者を援助するためのサービス
として存在し，そしてまさにそのことによって患者は治療を求めにやって来
るのである。

指示的

　エリクソン流の心理療法は，指示的であるという理由で批判されてきた。
このような批判は，治療の方向やペースの主導権を患者がとっておこなうよ
うな心理療法家から起こってきている。ロジャース流の心理療法（来談者中
心療法）では，治療者は無条件の肯定的配慮，純粋で共感的な態度を示し，
患者は自分の感情について語るよう励まされる。さらに治療者は，できるだ
け目立たない控えめな存在であることが望ましいとされている。その理論に
よると，それらの諸要因によって，患者は自分を発見して成長していけるも
のとされている。同じように，精神力動的心理療法において，治療者は陰の
ような（ぼんやりとした）存在であり，そうなることで患者の内的な葛藤が
分析家／患者関係に投影し，転移の発展が容易となるとされている。これら
の心理療法において，指示を与えるということは，その治療過程を崩壊させ
てしまい，手続き上もそして倫理上も重大な違反行為になるのである。

　その他の心理療法は，どれも指示的であり，もしそうでなかったら，効果
的でありえない。論理療法では日常的に，変化を起こし強化するために行動
課題を用いている。指示を与えることのメリットは，その心理療法によって
相対的なものである。

　ヤプコ Yapko は，エリクソン流の心理療法が指示的であることに関する
懸念について，以下のように述べている。

　　この［指示的］心理療法が操作的であり，クライエントはあたかも非人間
　的なチェスの駒のように治療者のゲーム盤の上を動かされているという批判
　がしばしばみられる。さらに，指示的心理療法は非倫理的ではないか，なぜ
　ならクライエントは治療戦略のちゃんとした根拠も予想される結果について

も十分には知らされていないからである（このように真のインフォームド・コンセントが得られていない），という批判がある。

　しかし実際に指示的心理療法が適切におこなわれたなら，クライエントのニーズと能力に合った，そして来談者中心療法では困難と思われるくらいの十分な解決がもたらされる。目標を選択するのはクライエントであり，彼らの個人的な準拠枠に照らし合わせて彼らは十分に受容されている。その上クライエントが，治療の中に何をもち込み何をもち込まないかを決定している——他のほとんどの心理療法がそうであるように。指示的技法の有利な点は，クライエントの体験による学習に力点を置くこと——もっとも重要で心に残る学習は実際の生活状況で生じるということを認めることである（Yapko, 1990: 380）。

　指示的な心理療法への批判は，でしゃばった指示によって自己言及的な成長過程が妨害されるというものだけではなく，治療者が傷つきやすい患者に自分の価値観を押しつけているというものもある。第2章でエリクソンが自分の意見を患者に主張しているのを引用した。彼は，ある人の人生が台無しになっていくのをただ傍観して何も言うべきではないというのはいかがなものだろうと疑問を呈していた。彼が指示を出し意見を述べた例を示した。逐語的に引用したのは，彼のことばが患者への気遣い（彼の意見を通すためのものではなく）や，意見や指示を聞いてどのように進むべきか自分で判断する患者の自律性や能力への敬意を反映しているからである。

　エリクソン流の心理療法は，しばしば指示的である。指示は，もし実行されたなら，患者の悩みを改善するだけでなく，システミックな変化へとつながる新たな自己認知を可能とするような体験を患者に提供する。いかなる指示的心理療法も問題であるという考えは説得力をもたない。

皮相的

　エリクソン流の心理療法が皮相的に見られることがあるのは，洞察ではなく症状の改善を重視したことやその短期的な特質によるものであろう。これ

までさまざまな批判を検討する中で述べてきたように，この心理療法では多くのケースは短期的に治療され，洞察を重視することなく問題解決を追求する。皮相的であるという非難が妥当であるかどうかを評価するときには，これらのことがこの心理療法の不十分さとしてよいのかどうか（患者を治療する際の欠点であるのか）検討されなければならない。

ヤプコ（1990）は，皮相的という問題について記している。彼は短期的で指示的な心理療法について述べている。

　　……（省略）洞察によってではなく体験的な学習を通して事象の陰に潜むダイナミクスを伝える能力がある。そのような学習は多水準的なものであり，新たな知的理解に限定されたりはしない。批判者は成長過程よりも解決や結果を強調していることを嫌うが，彼らは成長過程には古い問題への新たな解決策の発展が含まれうることをも見落としがちである（Yapko，1990：380-1）。

ザイグもまた，エリクソン流の治療が洞察を犠牲にした皮相的なものであるという攻撃について反論している。

　　……（省略）エリクソン流の心理療法家が症状を扱う場合，彼らは雪だるま効果を期待している。症状への対処能力が増すと，患者はそれまでの強固な固定観念を打ち破ることができる。その結果，より健康的な波及効果が患者の社会システムを含む人生のさまざまな局面にも及んでゆく。（省略）［他の観点から］エリクソン流の心理療法は，心理学的な洞察の対極に位置し，患者の無意識を刺激して意識的な理解をバイパスすることを指向すると見られてきた。実際には，洞察をエリクソン流の方法論の中で扱うことはできる。それは数々ある健康を増進する手段の一つなのである。もし洞察が変化を触媒するためにもちいることができるなら，エリクソンは洞察を利用した。ただより多くの場合，なぜを理解することはどのようにものごとを違ったようにおこなうかを発見するための役に立たないのである。……（省略）変化は

136

洞察に依存しないのである（Zeig, 1990b:375-6）。

　洞察に関しては，ランクトン（1990）も同じような考えである。「成長を促進するのは，新たな行動によってもたらされる学習によるのであって，洞察や理解によるのではない」（p.365）。

　エリクソン流の心理療法が皮相的であるという攻撃は誤りなのである。この方法を実践している臨床家なら，戦略的な介入にはしみついた機能不全的なパターンを打ち破る効果があり，それに引き続いて劇的に二次的な変化が生じることがあるということを肯定されるだろう。たとえば，エリクソン（1960）は，体重が240ポンドで何年間にもわたってダイエットを試みては失敗してきた女性について述べている。催眠をもちいてエリクソンは彼女に，彼女の主治医が勧めたダイエットに従うべきであり，食事のときに椅子に座ると時間歪曲を体験し，食事時間が何時間にも感じられるだろう，と暗示した。彼女が9カ月後にふたたびやって来たとき，体重は120ポンドになっており，時間歪曲はうまく作用していた。彼女はより満足のいく社会生活を営み，余暇を楽しんでいた。ブリーフな治療。洞察はなかった。そして改善は全生活に波及した。

　最後に，エリクソンの治療方法が必要なことをしていないあるいはしてはいけないことをおこなっているという理由から非倫理的であるという批判に対して，私たちはそのような考えはまったく的はずれであるということを強調しておきたい。普遍的に適応される倫理基準から少しもはずれてはいない。他のさまざまな心理療法の理論や方法論にも適応されるガイドラインに対して恥じるようなことは何もないのである。

個人的特徴への批判

　次の批判のグループはエリクソンその人や彼への人格への攻撃ではないが，彼がおこなった治療というよりも彼の個人的特徴に関するものである。

特に批判の多くは，彼がカルトになっているというものと，彼はカリスマで彼がおこなったような治療は他の人にはできないというものである。

　第1章で，エリクソンはとても興味深い人生を送り驚くべき業績を次々に積み上げたこと，遊び心，ユーモアに溢れた人であったこと，人々とその人生に深い関心を示したこと，好奇心と才能に突き動かされた先駆者であったことなどを述べた。これらのことが総合されて，彼は教師，助言者，指導者，治療者として求められるようになったのだと思う。それらにまつわる評判は，彼が寄与した知的財産の副産物であって，彼が名声を求めるようなことはなかった。そして人々が魅了されたのは，彼自身にと言うよりも彼が成し遂げた業績に対してであろう。実際，彼の死後1万人以上の臨床家が6回のエリクソン流心理療法の国際学会に参加しているのである。さらに言えば，エリクソンが「有名」になったのは，彼個人の努力よりも弟子たちの著作物によってである。

カルト

　エリクソンがカルト的存在であったかどうかを評価するためには，そのことばの意味を明確にしておかなければならない。多くのカルトはカリスマ的であり，広めようとする哲学や信念体系をもち（そしてその信奉者たちに遵守するよう要求する），信奉者に家族以上の忠誠を要求し，信奉者獲得のための宣伝活動を積極的におこなう。

　エリクソンの場合，カリスマ的であり彼のもとを訪れたものに積極的に教えようとしたので，この最初の二つの特徴はあてはまるように思える。しかし個人的な魅力は，彼を信奉するものたちが増えてきた主要な理由ではない。この本の著者のひとり（ムニオン）は，彼に会ったことがないにもかかわらず，彼の知的遺産に深い関心を寄せている。彼の治療概念は，とても「カリスマ的」と呼ぶにそぐわないものである。エリクソンはカリスマ的な人で強制的な心理療法をおこなっていた，というのはある種の（誤った）伝説である。

エリクソンは，講演，デモンストレーション，論文，論説，共著書を通じて精力的に情報提供をおこなってきた。それで彼が自分の哲学や信念を広めようとしたというのは，当たっている。しかし彼の考えは，患者にはいつもその人の個人的な準拠枠の中で出会うべきであるというものであった。このようにエリクソンの教育方法は，ドグマ的なものの正反対であり，いかなる学者も彼の手による宣言書を見つけ出すことは不可能である。弟子たちに患者がどんな人であるか，彼らが治療の場面にどんなリソースをもってきたかということに注意を向けるよう勧めたことを別にすれば，エリクソンは弟子たちが彼と同じようなやり方を選択したかどうかには関心を示さなかった。

エリクソンが，彼の弟子や患者に忠誠心を求めたことを示す根拠は存在しない。彼は家族の重要性を認め，精神科医が関心をもっていなかった頃から家族療法をおこなった。条件が整っていれば，彼は家族の中で虐待を受けているものを援助したが，彼らに別の選択肢があることを理解させようとはしても，彼らの代わりに人生の重要な選択をすることはなかった。

エリクソンが信奉者を求めたかどうかという問いに，ザイグは答えている。「エリクソンは，個性の重要性を固く信じていた。彼は，模倣されることを喜ばなかった。人が独自のスタイルを創り上げる方を好んだのである」(Zeig, 1990b: 375)。

エリクソンがカルト的存在であったか？ その点において，他の心理療法の創始者ほどではなかった。いかなる指導者や影響力のある革新者には自然に信奉者が生まれた。カルト（少なくても侮蔑的な意味合いでは）はカリスマや教育や信念体系から生まれるというよりも，それらの誤用から生まれるのである。

誰も彼がおこなったようにはできない

この節は一言「その通り」ですましてしまいたい誘惑に駆られる。この批判は，彼のカリスマ性ゆえ彼の治療が効果的であったので他の者ではできない，というものである。エリクソンはもしかすると同意するかもしれない。

彼は自分がカリスマ的であると思っていたし，独特の才能と障害の組み合わせは他に例を見ないことを知っていた。だから彼と同じようには誰もできないということはあきらかであった。たとえば，彼が自己─信頼感をもてるようにしてあげてほしいと頼まれたとき，彼は自分にはロープの橋を渡ることも岩山を登ることも崖を降りることもできないということを示し，患者にそれらの行動をやってみるよう説得するだろうと述べた。そのような冒険計画を実行したなら，患者はその行動が変化を引き起こすプロセスであることをきっと報告するだろう。エリクソンは，彼の後半生は車椅子の生活だった。それで彼は，患者のリソースを利用しつつ，自分の治療的能力を確認しようと，別なやり方，どこか異なるやり方を見つけ出そうとした。彼は個性をとても重要視していたので，治療法を患者ひとりひとりに合わせてあつらえようとした。だから，彼が治療者に独自のやり方で治療しようとするのを望んでいたということを疑うものはいないと思う。

　重要なのはおそらく，彼をカリスマ的にさせた要因は，（ a ）他の臨床家によって習得可能なものか，（ b ）彼の心理療法の基本なのかという問いであろう。カリスマについては前節でもある程度言及した。エリクソンの生涯は，興味深い経験と業績の宝庫であり，彼には遊び心やユーモアがあり，人々とその人生に多大な関心を寄せた。彼は好奇心と才能に導かれたパイオニアであった。

　経験や業績や才能は容易に手に入るものではなく，人を魅力的にする。たぶんカリスマ性の重要な要素であろう。エリクソンの遊び心は，とても魅力的であり，彼に自然に備わったものであった。しかし人を真に魅力的にするのは，自己陶酔ではなく，何かに**興味**をもつこと，何かに純粋に集中することではないだろうか。もし心理療法家が患者とその人生に純粋に関心を向けるなら，その心理療法家はエリクソン流心理療法をおこなうための「カリスマ性」をそなえるようになるだろうと私は思う。

　彼個人の魅力が，彼の心理療法が有効であったことの本質であったかどうかについては，必ずしもそうとは言えないであろう。エリクソンが，故意に

いらつきぶっきらぼうな態度をとった症例報告がある。妙なことに，このようなやり方がある特定のケースには効果であるようだが，それは注意深い観察を心がけ，患者の準拠枠で出会うようにする場合に限られるのである。

　カンファレンスやトレーニングに参加してみると，いかに多くの臨床家たちが，エリクソン流の心理療法を自らの臨床に取り入れようとしているかがわかるだろう。そして多くの臨床家はある程度，エリクソンがおこなったような治療をおこなうことができている。実際，ひとりひとりの患者を個人として尊重し，患者のリソースやニーズにそった治療を仕立てようとする臨床家は，まさにエリクソンがおこなうことができた治療の方向へと歩を進めているのである。あとはふさわしい技法や技術を身につけることだけである。

　確かに，今述べたことはいくらか議論のために言い過ぎのところはある。誰もがエリクソンのようにできるわけではない。エリクソンが天才であることは疑いない。ほんのごく少数のものだけが天賦の才をもつ。エリクソンの弟子も誰一人として彼のような効果的な治療をおこなうことはできないし，それは催眠に関しても言えることである。しかしながら，「天才」ということばを初心者を畏れ遠ざけるためには使ってほしくない。ここでいう天才とは創造性をともなう細部への注意深さである。もしエリクソンを単に天才ということで片付けてしまったら，私たちは自分の創造性と細部への注意深さを磨く機会を失うことになるだろう。

心理療法の制約

　エリクソンの心理療法は限られた人と問題に適応できるだけである，と語られてきた。また治療者が生計を立てるためには多くの患者が必要である，とも語られてきた。これらの批判が妥当かどうかを検討するためには，その根拠を示す文献を挙げる必要があるだろう。

適用

エリクソンのアプローチは限定的な適用をもつにすぎない，ある特定の人たちにだけ有効なのである，という批判がしばしばおこなわれてきた。この懸念を検討するもっとも簡単な方法は，オハンロンとヘキサム（1990）の『アンコモン・ケースブック』を調べることだ。この本は，エリクソンの症例を網羅し要約している。それを読むとエリクソンは歴史上の他のどんな治療者よりも多くの症例を報告していることがわかるだろう。この本では，症例は以下のグループに分けられている――習癖と強迫，身体的障害と疼痛，性的問題，睡眠障害，恐怖症と情動的問題，認知とコミュニケーションにおける問題，夫婦や家族などの対人関係の問題。認知行動上の重篤な障害，その他の問題。これだけさまざまな問題を並べてみると，適用のより広い心理療法を想像するのは困難であろう。

もしかすると適用について心配している人たちは，椅子に穏やかに座ることができ型通りの催眠誘導によって催眠状態に入り直接的な暗示を受け身的に受け入れそれで治っていくような人のことを考えているのかもしれない。そのような患者は確かにかなり少数となるだろう。しかしエリクソンの治療はあきらかにそのような人たちを対象にしたわけではないし，そのような方法をもちいたわけでもない。彼は慎重に心理的問題と医学的問題を分けて考えていて，患者の準拠枠を尊重しながらどんな心理的な問題にも進んで対応しようとした。型通りの催眠は，多くの場合に必要とはされなかった。

エリクソンは，創造的なやり方で患者のどんなことも利用しようとしたので，他の心理療法が対応できなかったような人たちも治療できる柔軟性を身に付けた。古典的な精神分析は短期間で治療を終えることは困難であったし，貧しい人たちにはほとんど利用されなかった。認知療法は，精神発達遅滞の人への対応を苦手としている。行動療法は，夫婦間の問題を解決する場合にはあまり役に立たない。手短に言えば，型通りの催眠誘導は多くの場合に不適切であるが，エリクソンのアプローチは催眠を越えてほとんど普遍的に適用可能である。

生計を立てるには

有能なエリクソン流の心理療法家は生計を立てるために多くの患者を必要とするのではないかとほのめかされることがあった。この種の批判にはいくぶんなりとも揶揄が含まれている。エリクソン流の介入はしばしばとても効果的なため，患者は来てもすぐに来なくなってしまい，わずかな収入しかもたらしてくれないだろう，と言いたいのである。どうすればよいと言うのだろう？ 患者で，私たちを繁盛させておくほどの艱難辛苦がほかにあろうなどと思うものはまずめったにいない。

文献によると，エリクソンの治療は数回，場合によっては1回で終わることが多い。また同じ文献によると比較的多くの患者が数カ月あるいは数年して治療に戻ってくることを示している。患者のニーズが治療の期間を決定するのである。

もしエリクソンが患者を早く治してしまうことで自分の足を撃つなら，彼は料金を払えないものにはその代わりに自宅やオフィスで何らかの作業をしてもらって治療をおこなうことでもう一方の足も撃つということを（先ほど述べた「揶揄」の中に）記しておくべきだろう。このような対価の払い方によって，患者は参加意識や矜持を保つことができ，さらに治療効果を高めるような投資をおこなうことになる[1]。エリクソンは，患者の経済力ではなく生活に関心を払っていたのである。

そのような対価は，患者の場合に限らない。『ミルトン・エリクソン入門Taproots』の中で，オハンロン（1987）は，彼がどのようにエリクソンのもとを訪れて学んだか述べている。そのときオハンロンは学生で，生活費を稼ぐために造園業のアルバイトをしていた。エリクソンは，指導する代わりに庭に草取りをしてもらうということで彼の申し出を受諾した。すべてのエリクソンの弟子たちが，料金を払ったり作業をおこなったりしたわけではない。ジェフリー・ザイグは，6年以上彼の弟子だった。彼には支払う能力がなかったが，エリクソンから一度も請求されたことはなかった。それで彼は道義的責任感からエリクソンのもとへ戻り，十分支払えない患者たちを治療し，

ミルトン・H・エリクソン財団を設立した。

　ここでもまた，エリクソンは弟子たちに彼らの準拠枠の中で出会っていたのである。弟子の人生にとってエリクソンから学ぶことがとても重要な位置を占めるとしたら，エリクソンは，その機会を得たことを光栄に感じた。

結　　論

　エリクソンの心理療法へのいくつかの批判を概観した。これらの批判をよく検討してみると，ある程度の妥当性がある場合も狭い視野で見た場合に限られる。この心理療法の無理論的性質へと向けられた批判は，いくらか妥当性をもつにせよ，理論を放棄することによって得られる患者にとってのメリットに気付いていない。倫理面への批判は，ある心理療法にとって必須とされることが他のすべての心理療法にとっても必須であると仮定する狭い視点に由来している。エリクソンの個人的特徴へと向けられた批判は，エリクソン以外の治療者がエリクソン流の心理療法をどの程度できるのかいうことを問題にした。治療者はそれぞれ違う独自の存在であるが，エリクソンによって触発された治療者が，患者の準拠枠の中で出会い，その人のリソースによるその人に合った解決を模索していくことは可能なのである。最後に適用範囲と治療期間についての批判であるが，それらは推測の域を出ず，根拠のないものであった。

注
1）バーターは現在のアメリカ心理学会の倫理規定では一般的に非倫理的とされている。

第5章

ミルトン・エリクソンの影響

　……患者に接するときはいつでも，その時点だけではなく未来と可能性を視野に入れて接するようにするのです。

Milton H. Erickson （Rossi and Ryan, 1985: 7）

　第5章の目的は，現代の心理療法へのエリクソンの深遠な影響について検討することである。彼の努力の成果によって，以下のような変化が起きている。

1．臨床催眠が，正当なものとして認められ，治療法として敬意をもたれるようになった。

2．洞察／理解から明白な変化へと焦点の移動が行われた。そしてそのことにともない，志向も過去から現在，未来へと変化した。

3．短期的で解決志向的な技法が幅広く受け入れられ，利用されるようになった。

4．ユーモアやドラマが，正統的な心理療法や催眠療法の領域で尊重されるようになった。

5．人が関わり合うコンテクストへ注意がより向けられるようになった。

6．エリクソンの業績は，世界中の治療者が研究するようになった。

7．エリクソンの業績は，いくつかの流派を生んだ。

　エリクソンの広範なインパクトの隠れた要因として，催眠現象の精力的な調査研究がある。彼のこの研究への取り組みによって，彼のアプローチが受け入れられにくい風土の中でも一定の評価を得ることができた。

　エリクソンが拒絶されたのは，おもに二つの理由からである。一つは，彼

の無理論性（あるいは反理論性）からであり，もう一つは，彼の業績の多くが，フロイドによって捨て去られた催眠の領域でなされたからである。

エリクソンは，臨床家が患者や問題を扱うとき視野を狭めるという理由で，理論を退けた。エリクソンの介入の多くは，主要な心理療法学派の理論的要請に反していた（たとえば，エリクソンは指示的であったが，これは精神力動論あるいは来談者中心療法の理論に反する）。再度簡潔に述べると，エリクソンは患者や問題を，理論による制約なしに，患者にとって役に立つ患者のリソースや可能性の観点から見つめ，それらをさまざまな革新的な方法を通して患者が解決するのを援助するために活用した。彼がおこなった介入は，それぞれユニークでエレガントで力強く一見シンプルであった。これらの特徴によって，エリクソンは多くの人たちを惹きつけ，彼のアプローチに関する多くの書物や学会や教育機関が誕生した。また多くの流派がエリクソンの仕事を土台にして発展した。これらの流派はどれも倹約の精神を受け継いでいる。変化への本質的な要素に注目し，それ以外の部分を切り捨てることで，彼のアプローチは実践的なものとなった。

エリクソンのアプローチにおける倹約精神

エリクソンは，理解することが変化の前提条件ではないということを示した。自転車に乗るために，物理学を理解する必要はない。そしてまた，人々は行動を決定づけているであろう無意識の力動に対する洞察を得なくても，行動を変化させることができる。エリクソンは，人それぞれのリソースや能力，生活状況そして彼らの問題を観察した。彼は，患者が内的生活と社会状況を再構成できるよう援助して，その結果変化が必然的に生じ患者の自尊心が高められるようなやり方を工夫した。その過程において彼は，彼の祖父のジャガイモはある特定の月の時期に芽を上に向けて植えなければならないという迷信（第1章参照）に挑んだのと同様に，他の治療理論にも挑んでいった。エリクソンがジャガイモを栽培しようとしたなら，きっと穴を掘ってジャガイモを埋め，土をかけ水をやっただけであろう。祖父のやり方の不要な

手間は省いたに違いない。

エリクソンには，何が変化を起こす上で重要な要因かを見いだす才能だけではなく，それをいつもちいればよいかというその人に合ったタイミングを見極める才能もあった。たとえば，第2章で，抑制されたアンのケースと他のカップルのケースを対比的に取り上げた。アンの場合には，彼女の慎ましさへの配慮からとても遠慮深く接した（ほとんどロジャリアンと言ってよいくらい）が，次のカップルのときには，遠慮なく接した。そのカップルは，衝撃的で下品でさえあるような指示から得ることができるということを彼は知っていた（さて，おまえら，なんでセックスを楽しまないんだい。3カ月ははらまないように悪魔にでもお祈りしときな。1983：205）。このケースでは，かしこまって接するのは不適切で，生き生きしたやりとりがより効果的であるとわかっていたのだ。

1940年代に，精神科医がまだおこなっていなかった家族療法を，エリクソンはそれが治療過程を促進するような条件のもとでは，積極的におこなった。ただし，エリクソンは，家族療法を編み出そうとしたのではなく，変化を生み出すことに関心があった。もし，家族に会うことが変化を起こしやすくするなら，彼はそうしたのである。

さて，私たちは，エリクソンが心理療法の分野に与えた衝撃的な影響を評価しようとするとあるジレンマに直面せざるをえない。彼を家族療法の創始者とみなすことはできないが，そのような領域が**生まれる**前に，彼はその中に分け入っていった。そして彼の戦略的家族療法は，ヘイリー，マダネスMadanes，スティーヴン・ランクトン，キャロル・ランクトンを通して，今なお影響力がある。

他の流派（精神力動，情動，行動，認知，論理など）は，エリクソンが取り上げた個人のあらゆる側面のうちのいくつかの側面を選択して取り上げている。それゆえ，彼の業績の中に前述の各流派の片鱗を見いだすことができる。そして逆に多くの流派はいくぶんかエリクソンの方法を含んでいる。境界線は曖昧である。エリクソンは家族療法家ではないが，家族とともに治療

をおこなった。彼は行動療法家ではないが，行動に焦点を当て（行動的に）治療をおこなった。同じように，認知療法家がエリクソンの方法を取り込んだからといって，彼らが「エリクソニアン」になるわけではない。

　人間のさまざまな側面を考慮しながら研究しようとするものにとって，エリクソンの衝撃は，ある特定の学派を成立させることへと向けられることはなかった。彼は，「エリクソン療法」学派を旗揚げすることには断固として反対していた。むしろ彼の衝撃は，彼の個性が刻印されているさまざまな革新的なアイディアの中に見いだされる。この章の残りの部分では，心理療法の領域におけるエリクソンの影響を，エリクソンのどこがユニークなのかという観点から，検討していきたい。エリクソンの際立つ貢献の一つは，催眠に関するものであった。

催眠療法

　フロイドの拒絶によって，催眠は20世紀初頭に急速に人気を失ったが，今なお（理解していない人たちによって）怪訝な目で見られている。第4章で論じたように，エリクソンは催眠に関する一般的な偏見を拭い去った。彼は研究と臨床を通じて，催眠を学問的な調査対象の現象（そしてショービジネスの種）から合理的で効果的な治療の手段へと変えていった。第3章では，催眠の発展と，エリクソンがおこなった戦略的な技法の開発を概観した。

　エリクソンが臨床催眠の実践に与えた多大なる影響は，測定法の意義を問い直すことになった。エリクソンは，20世紀の催眠療法において傑出した人物であった。なるほどエリクソン以前にも催眠はあったし，催眠を用いて心理的苦悩をやわらげようとした人たちはいた。しかしながら伝統的催眠は，よくて機械論的で，もっぱらトランスの誘導法と治療の定式化を追求していた。柔軟な患者―志向の治療法ではなかったのである。エリクソンは，トランス誘導とトランス体験を治療に巧みに織り込んでいく方法を開発した。彼は催眠から原理を得て，必ずしも型通りのトランスに頼らずにそれらを治療

に適用させた。

エリクソンの催眠への貢献は広く認められている。アーヴィング・キルシュ Irving Kirsch, スティーヴン・ジェイ・リン Steven Jay Lynn, ジュディス・W・ルー Judith W. Rhue（1993）は, エリクソンと彼の業績は, 彼によって実地診療に催眠が広く受容され使用されるようになったことを示しながら, 催眠史上における歴史的な一里程標であると論じている。同様に, バーニー・ジルバーゲルド Bernie Zilbergeld, M・ジェラルド・エデルシュタイン M. Gerald Edelstein, ダニエル・L・アローズ Daniel L. Araoz（1986）のような臨床家たちは, 催眠に新たな脚光があたるようになったのはミルトン・エリクソンの多大な寄与によるとしながら, 彼をマスターセラピストであり, 風格のある催眠療法家であると特徴づけた。

エリクソンの治療でしばしば認められるのは, あれかこれか, ということではなく, あれもこれもということである。エリクソンの催眠療法への影響を検討する際にもこのことは当てはまる。ひとつは, 長年にわたる根気強い研究である。それによってエリクソンは催眠に関する多くのことを学び, 科学者としてまた観察者としての名声を確立した。もうひとつのことは, 革新的な治療方法である。それらは劇的な効果を生み出すよう催眠と統合されていた。科学的な確実性と治療的有効性の結びつきによって, エリクソンが催眠療法を大きく前進させたと認められているのである。

催眠の指導者たちはみなエリクソンの業績に反応を示した。そのひとりアンドレ・ワイツェンホッファー Andre Weitzenhoffer（1989）は, 臨床催眠の実践や理論, 研究に重要な貢献をおこなったが, 催眠の発展に果たしたエリクソンの役割を明確にしようと奮闘した。最終的には, 彼は, エリクソニアン・アプローチを伝統的, 半伝統的アプローチから区別し, 非伝統的と名付けた。彼は, 伝統的, 半伝統的アプローチは治療者中心主義であり, エリクソニアン・アプローチはその介入法が患者のうちから導き出される患者中心主義であると認めた。彼は, しかしながら, エリクソニアン・アプローチの方がすぐれているという結論は慎重に差し控えた。ワイツェンホッファー

は，半伝統的催眠療法の中にはエリクソニアン・アプローチの要素が認められ，それらは「被験者が全過程において果たす貢献に特別な注意を向けた」伝統的催眠療法の修正であると述べた（1989: 1）。ワイツェンホッファー（1989）は，利用法がエリクソニアン・アプローチの最大の特徴であり，エリクソンがその方法を明示的に認識し発展させたおそらく最初の人である，と記述している（1989: 191）。

デモンストレーション

　ワイツェンホッファー（1989）は，エリクソンが開発した治療的スタイルの典型を示したデモンストレーションを目にしたときのことを語っている。それはエリクソンの非伝統的な催眠のスタイルの好例であり，彼の間接的方法への信頼を示している。そのデモンストレーションでは，被験者は，よくトランス状態をつくりだしたが，望まれたトランス現象を示すことはできなかった。エリクソンは，彼女と普通に会話をしながら，さりげなく紙切れをつまみ，丸めて筒を作った。彼は何気なく紙の筒を広げ，ふたたび丸め，それを被験者の方へ向け，筒の中に指を入れて引っ込め，それからまた広げ，興味なさそうに床の上に落とした。このときから，被験者は格段に反応がよくなり，求められたトランス現象を示すようになった。

　ワイツェンホッファーはのちにエリクソンにこの事例について質問し，何が起きていたのかを学んだ。デモンストレーションの間にエリクソンは，この女性の被験者に1年前に出会っていたこと，そのときには婚約指輪をしていたことを思い出した。しかしそのときには婚約指輪も結婚指輪もしていなかったので，エリクソンは，彼女の抵抗はデモンストレーション中に破棄された婚約が取り上げられるのではないかという恐怖感からのものではないかと推測した。彼が非言語的に彼女にその話題には興味がないことを伝えたので，デモンストレーションはたちまちうまく進み出したのである。この事例は，エリクソンの細やかな観察力や，抵抗を取り除き問題を解決するために

意識と無意識の両方にコミュニケートする能力を示す好例となっている。

これはエリクソンが臨床催眠を発展させたという主張の裏付けのひとつであると思われる。彼は患者の長所や能力を利用したり統合したりするための催眠療法の手法を開発した。また彼は，基礎的な催眠研究に貢献し，催眠と催眠現象の理解を広げるとともに，新しい数々の技法を編み出した。彼は，アメリカ臨床催眠学会のような主要な催眠研究の組織とその学会誌の創立と発展に寄与した。彼は，**アメリカ臨床催眠学雑誌**の創刊時から 10 年間にわたって編集長であった。そしてその学会誌は，効果的な介入法を求める臨床家の関心を刺激し続けた。

構成的な無意識

エリクソンは，無意識の肯定的な側面に光を当てたが，そのことが催眠療法の発展の土台となった。彼は無意識を情報や可能性の泉であると同時に変化のための強力なリソースであるととらえていた。無意識を，精神分析の伝統に見られるような病理的な行動の「隠れた」決定要因以上の何ものかであると見ていた。さらに重要なことに，無意識は意識の気がつかないところで行動を決定づけるので，洞察なしに肯定的な行動や考え方の変化を引き出すことができるということを彼は理解していた。間接的な暗示は，無意識のプロセスを引き出し，抵抗を回避し，新しく肯定的な体験を生み出す。

エリクソンが，心理療法の領域に衝撃を与えた第二の点は，実際的で未来志向のアプローチを開発したことであった。

焦点の変化

無意識を肯定的な変化を生み出す主体とする見方は，たいへん意義深く，たとえ催眠をもちいないときでさえエリクソンの治療へ多大な影響を与えた。他の多くの心理療法は変化の主体としての無意識にほとんど関心を払ってこなかった（たとえば洞察を深めることは意識的な現象である）ので，こ

第5章　ミルトン・エリクソンの影響　151

のエリクソンの無意識への見方は他の心理療法にたいした影響をもたらさなかった。しかし，彼の見方にひそむ**意義**は，はるか遠い射程をもっていた。エリクソンの治療の基本的な考えの一つは，無意識的な治療的変化は可能でありしばしば望ましくもある，というものであった。ひとたび洞察が治療的変化のために必須なものと考えられなくなったので，さまざまな治療法が可能となった。ブリーフ，戦略的，ソリューション・フォーカストそしてシステム指向的などの治療はどれもこのパラダイムシフトにそのルーツをもっており，エリクソンの治療はこれらあらたな治療法のめざましい成長における種子であった。同様に，他の治療法（認知行動療法など）も，洞察を重視しなくても成功をおさめている心理療法の理念から利益を得ている。

　一見すると，有益な変化をつくり出すことに焦点を当てるという概念は，（学習理論に由来する）行動療法と類似している印象を与えるかもしれない。しかしながらエリクソンは，行動療法とは方法論的に異なる。たとえば，患者が問題に直面する準備ができていない場合に，問題を象徴的に扱ってうまく対処するということは，彼にとってありふれたことであった。そのためには，メタファーや逸話をもちいたし，多義的な課題を課すことさえあった（多義的な課題については，Lankton and Lankton, 1983 を参照のこと）。このような「不一致」的な手法は，変化を目的としていたとしても，技法的には「行動療法」的なものは何も含まれていない。

　洞察から距離を置くことによる 2 番目の影響は，過去のかわりに未来へ焦点を当てることが可能になったことである。エリクソンのケース報告は，目的論的指向性を示している。当然，患者のジレンマを形成する上での過去の役割は認識されているのだが，エリクソンの焦点はつねに，問題が解決したなら未来はどうなるのかというところに当てられていた。洞察指向の治療者が過去を記述する際に病因論への理解を深めていくのに対して，未来志向の心理療法は現在の問題を記述しながら，望まれる，可能な，そして不可避的な変化の性質について目を向けている。人は，過去を変えることはできないが，未来をより建設的に築いていくことはできる。

152

　未来への指向性を築き，無意識を利用するエリクソンのアプローチの一つに，患者に催眠を誘導し，問題が解決している彼らの未来を幻視させるという方法がある。この技法（未来投影法）については，以下のケース報告に示される。

クリスタル・ボール

　ある女性の患者が，それまでの治療に行き詰まったため，エリクソンを訪ねた（1954b and Rossi, 1980d）。彼女は，不安，抑うつ，引きこもり，依存を経験していた。面接の中では問題を検討しなおすことにこだわっていた。両親と一緒に暮らすことに飽き飽きしていたにもかかわらず，一人暮らしをすることには尻込みしていた。仕事にもひどく苛まれていたが，昇進のチャンスは棒に振っていた。社会的な交流を望み必要としていたが，いざとなると避けていた。催眠に対して，最初はよい反応を示したが，次第に抵抗を示し反応を見せなくなった。

　あるとき，彼女は，もし目標のひとつでも達成できたと感じられたら，残りはきっとスムーズに進むだろうと，力説した。エリクソンはタイミングよく彼女に，催眠状態で彼女の人生の重要な出来事が映像となって浮かび上がるいくつかの水晶玉を幻視させた。多くのイメージを浮かべた後なので，無意識は別々の水晶玉にいくつかのパターンごとに未来がどうなっているかをイメージした。未来では彼女は，嬉しそうに幸せそうにさまざまな活動に従事していた。彼女はすべてをやり遂げたとき，未来のシーンに魅了されていた。3カ月後に予定された友人の結婚式に出席している姿を見た。美しいドレスを着て，何人かの男性とダンスをし，ある男性からのデートの申し込みを受け入れていた。彼女はエリクソンに見たことをすべて報告した。エリクソンは，トランスでの経験を忘れるよう暗示して，催眠を終えた。

　彼女は，その後の二，三週間の間に2回治療を受けに来て，どちらのときも催眠を希望した。トランス状態で彼女は，結婚式のシーンで見たこと無意識に感じたことすべてをもう一度体験させてほしいと言った。その後彼女は，

治療に来ることはなかった。結婚式のあと数日して，彼女はエリクソンのもとを訪れて，最後の面接のあとに起きたことを報告した。彼女は，友人の結婚式の準備に関わるようになり，花嫁の付き添い役として招かれた。協力するために，彼女は，町中のアパートに引っ越しし，通勤時間を3時間節約できた。自分のドレスをつくるために，お金を必要としたので，昇進を志願し採用された。彼女は，友人のためにお祝いパーティを開催した。結婚式で，彼女はゲストの一人と交友を結びデートした（予見した人ではなかったが）。問題を解決したのは，未来像であり，結婚のために準備したことであるということを知らないまま，彼女はエリクソンによくしてくれたお礼を述べた。

　エリクソンの未来への焦点づけの少なくともある部分は，年齢退行した状態に浸りきる被験者の能力を観察したことによるだろう。エリクソンは，もし被験者が過去の体験を生き生きと再体験でき，催眠的に誘導された記憶を「実際の」出来事として取り込むことができるのであれば，催眠的に体験された未来もまた「実際の」影響力をもつことができると推論した。彼の年齢進行に関する研究から，未来指向性を強める上でトランスは必須ではないということがわかってきている。非催眠的心理療法も未来を指向することができるし，未来指向性は今日では多くの心理療法に認められるようになってきている。未来指向性は，ソリューション・フォーカスト・アプローチを発展させているスティーブ・デイ・シェイザーらの業績によって，治療文化の中に根付いてきている。健康的な未来を描くことは，治療の基本的なことがらのひとつであり，エリクソンはそのための技法を開発したのである。

　エリクソンの3番目の主要な貢献は，ブリーフセラピーにおける研究成果である。

短期間／解決指向的なアプローチ

　洞察は治療を成功させるための決定的要因ではないというエリクソンの見方から，解決指向的で治療期間が短期となるようなアプローチが生まれてき

た。短期間／解決指向的な方法は，彼の臨床研究の結果として，受け入れられ活用されてきている。

　エリクソンの症例の多くは，二，三回以内の面接で終了している。エリクソンが臨床をはじめた頃は，主要な心理療法（精神分析療法，来談者中心療法，行動療法）は何回もの面接をおこなうことを必要とし，ときには週に数回の面接を何年にもわたっておこなった。エリクソンの短期的アプローチは斬新な方向転換であり，彼は短期療法ムーブメントの父の一人である。彼の治療は，患者は，大変困難な状況を乗りきるためのわずかな援助さえあれば，自分で問題をどうにかして生活していけるだけの力をもっているという，敬意のこもった信念にもとづいている。さらに言えば，ジェイ・ヘイリーが指摘したように，治療は問題であって解決ではない。問題は，患者が治療を受けることなのである。解決は，患者をなるべく早く治療から脱け出させ，治療と関わりのない生活を送らせることである。

　私たちは，これまでに彼の短期に終わった治療をいくつか見てきた。ミルウォーキーのセントポーリアの女王は，1回のセッションでうまくいったすばらしい例である。飛行機恐怖でダラスまで行かなければならなかった会社員の女性は，1回の面接のあとで快適に飛行機に乗ることができ，2回目の面接のあとでは吊り橋恐怖がなくなった。エリクソンに関する論文には，そのような報告が数多く見られる。

　しかし，二，三回と言ってもいつも面接が短く終わったわけではない。ジェイ・ヘイリーとの対話（Haley, 1985a）で，エリクソンは，社会との関わりを必死に望んでいた35歳の女性の治療について述べている。その女性はまもなく他の都市に引っ越す予定になっていて，たった二人の友人とも別れなければならなかった。彼女の衛生状態はひどく不潔なもので，髪は脂で汚れ手の爪には垢がたまっていた。身体を洗うこともなかった。衣服は不似合いなもので，化粧はしていなかった。最初の面接で彼は彼女に，治療を続けるためには，指示をすべて受け入れる必要があることを伝え，その後の三日間，治療をエリクソンにゆだねるかどうかよく考えさせた。彼女は，あらゆ

る指示にしたがう覚悟で戻ってきた。

エリクソンは，3時間かけて丹念に彼女の身だしなみの欠点を指摘し続け，しまいには彼女に首の半分を洗わせ，きれいになった部分と垢で汚れた部分をよく見比べさせた。次の面接に彼女はきれいになってやってきたが，やはり化粧はせず，不似合いの服を着ていた。彼女の身だしなみの詳細と前回のときからの進歩が伝えられた。それからエリクソンは彼女に，彼女が関わる人みなにはあきらかであるのに彼女が無視し続けてきた事実があること，そして彼女にある課題を出すが，それは決して忘れられないものになるであろうことを話した。その2回目の面接を終わるときエリクソンは彼女に，家に帰って鏡の前で全裸になり，「女性らしさの三つのバッジ」についてよく考えなさいと指示したのである。

3回目の面接では，彼女が治療のためによけていた700ドルをどのように使うべきかこと細かに指示された。デパートに行って，化粧の仕方と服の選び方を習うこと，服を買い助言を求め数週間後に彼女の雇用主が催すダンスパーティに着ていく衣装を仕立てること，ダンスを習うこと，ダンスに行く途中でエリクソンのところへ立ち寄ることなど。ダンスへの行きがけに来たとき，彼女は，とても上品な身だしなみでいく分ほっそりとしていた。3カ月後彼女は，ある都市で新しい職に就き，1年以内に結婚することとなる教授に出会っていた。エリクソンの治療的接触は，ダンスに行く途中に彼女が立ち寄ったことを含めて4回であった。そしておそらく，4回目の接触はとても重要なものであるとエリクソンは考えていたであろう。というのも彼女がそれを実行することで，ダンスへの参加をより確実なものとするからである。このケースでは，2回目の面接は3時間におよんだ。このように面接が長引くことは珍しいことではないし，少ない回数で有意義な治療的変化をもたらすためには，間違いなく大いに役立ったと思われる。治療面接は，治療者の便宜のためにではなく，そのときの事情と患者の必要度に応じて延長されたのである。

拡大

エリクソンは，短期で解決指向的な治療のパイオニア（Furman and Ahola, 1994）であったが，心理療法の領域でこのようなアプローチは広まってきている。中でも有名なのは，ヘイリーとクロエ・マダネスの戦略的アプローチ，ミルウォーキーのブリーフ・ファミリー・セラピー・センター（BFTC）でおこなわれたデイ・シェイザーのソリューション・フォーカスト・アプローチ，パロ・アルトのメンタル・リサーチ・インスティテュート（MRI）でおこなわれたブリーフ・セラピーである。再度述べるが，これらのアプローチは，洞察重視から有意義な変化を重視するというパラダイムシフトと，最小限の介入でよくなることができるという患者の能力を信じることにもとづいている。

ユーモアとドラマ

エリクソンのアプローチには，理論的制限の足かせがなかったので，さまざまな介入法が生み出された。たとえば，精神分析家は，患者の転移を考慮して，中立性を保たねばならなかった。それに対して，エリクソンはありのままの自分でいることができたので，治療プロセスの中に遊びの要素とユーモアを取り入れることができた。その結果，ユーモアは，さまざまな領域で——伝統的な催眠においてさえ——尊重されるようになった。

ユーモアとドラマは，エリクソンの流儀に自然にそなわっていたものである。この二つの性質によって，コミュニケーションにおけるメッセージはくっきりと印象に残るようになる。それらは，直線的な進行はとらず，認知的というよりも感覚的である。ユーモアとドラマは患者の注意を引きつけ，意識的にせよ無意識的にせよ，問題指向的な枠組みを壊してその代わりに新しく治療的な枠組みを導入することができる。ドラマは，新しい考えを導入するすぐれた手段であり，ユーモアは，人生には下りばかりではなく上りもあることをそっと思い出させるなどの肯定的なバランス効果をもつ。ユーモア

とドラマは別個に取り扱うことができる。まず，エリクソンがどのようにユーモアをもちいたか検討してみたい。

ユーモア

エリクソンは，ふざけるのが好きな人だった。それは家族にも友だちにも生徒にもそして患者にも向けられた。シドニー・ローゼンは，エリクソンがかつて彼に，「どこでもユーモアをばらまき，どっぷりつかれ」と語ったと述べている（1988: 19）。クロエ・マダネスは，エリクソンが家族との治療について語ったことを次のように述べている。

> 「人々が，とにかく顔をしかめているとき，遊びを使うと，新しい行動を引き出し変化をもたらすことができます。ユーモラスな定義のやり直しや説明や指示は，家族をびっくりさせて，ドラマの要素が生まれ，介入のチャンスをつくり出します（1987: 51）」。

エリクソンのユーモアは，率直なものもあるし，課題の一部のこともあった。あるとき，彼が，誰にたいしても怒っているように振る舞う少女を治療したときのことである。その子は，たくさんのそばかすがあったためよくからかわれていた。エリクソンがあったときは，むっつりとしていて反抗的であった。ドアのところに立って，にらみつけていたので，彼は，突然彼女を指して言った。「君は泥棒だ！　盗んだ！　何を盗んだか知っているぞ。盗んだことの証拠だってあるぞ」彼女の好奇心はかきたてられ，彼の言う証拠が何か知りたくなった。エリクソンは，その子がシナモンビスケットを大好きで，ある日棚の上にある瓶の中のビスケットをとろうとしてよじ登ったとき，顔の上にいっぱいこぼしてしまったのだろう，と話した。証拠は，顔中にあるシナモンだ。女の子は，大笑いしだした。そして二人は，楽しいおしゃべりをした。遊び心のあるからかいが，彼女の緊張を破った。それから，二人は文通するようになり，彼女の怒りっぽさは消えていった（Rosen,

1982: 152-4)。

　第3章のメタファーの節で述べた建設労働者の治療を思い出してほしい。課題は，ユーモラスな話やマンガを収集して，負傷した同僚に送り元気づけることであった。最初のケースでは，エリクソンはジョークを介入の一部として使った。2番目のケースでは，からかうようなことはせず，ユーモアを患者への課題の重要な要素として使った。エリクソンは，患者がトランス状態のときにもジョークを話した。催眠は，神聖にして侵すべからざるものではない。無意識は，真剣な指示と同じようにユーモアにも反応するのがわかる。

　ビル・オハンロン（1987）は，生徒にしてもらうためにエリクソンに手紙を書いた。生徒にしてもらえるなら，こんなことをします，といくつか提案したが，その中の一つは，庭の手入れだった。オハンロンは週末出かけて戻ってみると，留守番電話に見知らぬ男性の声が入っていた。「オハンロン造園業に頼みがあるのだが」もちろん電話の主は，エリクソンだった。

　だから，オハンロンと彼の先妻パトリシア・ハドソンが彼らの心理療法にユーモアの使用法を取り入れたことは驚くべきことではない。彼らは，根深いパターンを粉砕するために創造的でユーモラスな行動的な代案をつくり出すことを勧めている。たとえばある男性は，妻と喧嘩になるとたびたび去勢すると脅されたため，そのことばを聞くと身動きできなくなってしまった。パットとともに代案を考え，彼はそのことばを言われたときに，妻に水鉄砲を打つか，台所のテーブルの下で怯えるふりをすることにした。彼が実行したとき，言い争いは中断され，なごやかな雰囲気が戻った（O'Hanlon and Hudson, 1994）。

　オハンロンは，ユーモアを使うと，予期しない治療的なことが起こりうることを強調した。彼は，スティーブ・デイ・シェイザーのケースについて説明している。10代の息子に手を焼く両親のことで，彼らは息子のことを，好戦的かつ敵対的で破壊的と形容した。彼らが選んだ方法は，息子が外出すると，息子の下着すべてを冷凍庫に入れるというものだった。息子が下着を

第5章　ミルトン・エリクソンの影響　159

探して尋ねたら，親は冷蔵庫の中にあると言って，説明を求められらただ肩をすくめて見せたのだった。息子は，両親に対していくぶんかおとなしくなった。というのもあんなことができる親は，おおよそ何だってできるに違いないと考えられるからだ（O'Hanlon and Hudson, 1994）。ユーモラスなエリクソン流の介入は遊び心に富むとともに無害なものであった（意地悪ではなかった）。ユーモアは援助的，肯定的にもちいるのが重要で，いかなる意味でもおとしめるようなものであってはならない。

ドラマ

エリクソンは，おおらかにドラマをもちいた。彼は，ことをドラマティックに運んだし，患者に劇的なことをさせもした。第2章で述べたハンドルをもつと失神する男性に運転できるように治療したケースは，ドラマティックな苦行の指示の好例である。その例では，問題への反応を手がかりに，新しい経験を生み出していった。ドラマは，直接的にも間接的にも，また能動的にも受動的にも応用できる。キャロル・ランクトンはエリクソンについて次のように書いている。

　彼は，さまざまな経験を（しばしば詳細に）描写することでクライアントの回復を援助しようとした。彼らは，他の誰かの物語が語らえていくにつれそのドラマティックな側面に興味を注いだ。クライアントは与えられた素材から自由に意味を作り出すことができ，普段の意識にとっては耐えがたい痛みをともなうような学習さえおこなうことができた。結局，それは，「物語」だったのである（1985: 68）。

『アンコモンセラピー』の最後に，ジェイ・ヘイリーはドラマティックな介入をおこなって目覚ましい成果を得た激烈なケースを紹介している。ある女性が1年前に脳卒中のために全身が麻痺した夫を連れてカリフォルニアからエリクソンのもとを訪れた。彼は厳格なドイツ人で，長年の業績をとても

誇りにしていた。脳卒中の結果，回復の見込みがないことを繰り返し告げられていた。妻が彼をエリクソンのもとに連れてきたとき，彼は1年間，一言も発していなかった。妻から病歴を聞いたあとで，エリクソンは妻に，何とかやってみましょう，でも決して邪魔しないでください，と言った。妻は同意し，夫がエリクソンの診察室に連れてこられた。エリクソンは，しばらく彼をきびしく非難し，侮辱し続けた。彼のことを，「汚れたナチ」，「怠け者」，「不具者」，「愚か者」，「うぬぼれ」，「無知」と罵った。夫の怒りは沸騰してきた。最後にエリクソンは夫に，今日は準備不足だったので，明日また来なければならないこと，そうすればもっと適切に侮辱できるであろうことを伝えた。そのとき，患者は爆発した。「いや（No）……」1年ぶりのことばだった。エリクソンは攻撃的な長広舌を続け，夫はふたたび，「いや，いや，いや！」と言って，どうにかして椅子からおりて，ドアのほうへよろめきながら向かい，階段をおり，はいつくばって，車に乗り込もうとした。彼は次の日にやってきた。この日は，彼はエリクソンと友好的になり協力的な関係を築いた。彼の回復が始まった。2カ月後，彼は回復し，ある程度歩いたり，話したり，腕を使ったり，本を読んだりできるようになった。彼は，負担のかからないことだけ引き受けるという約束のもと，自分の興した仕事に戻った（Haley, 1973）。

ユーモアとドラマの影響

エリクソンにとって，ユーモアとドラマを治療の有力な武器庫であった。また最近の心理療法界では，ドラマティックな介入法が認知されてきているようである。行動療法では，クライアントに恐怖刺激に立ち向かわせるかもしれない。認知行動療法では，自己能力感を育てるために課題を実行させるかもしれない（ときにはユーモラスで目立たないやり方で）。ゲシュタルト療法は，ロールプレイをさせたり，エンプティチェアに話しかけたりさせるかもしれない。サイコドラマでは，葛藤状況の場面を創造的に演じさせて，クライアントの感覚に影響を与え，取りうる行動の幅を広げるかもしれな

第 5 章　ミルトン・エリクソンの影響　161

い。

　エリクソンのみが，心理療法におけるドラマとユーモアの発展に寄与したというわけではないが，まだそうしたものが一般的でなかったときに使いはじめた革新者の一人であったことは間違いない。エリクソンの貢献がなくてもいずれドラマとユーモアは使われるようになったであろう。彼のコミュニケーションスタイルの中でユーモアとドラマを統合してもちいたことに彼の特色がある。たとえば，エリクソンのドラマティックな介入は，メタファーとして受け取られることもあるし，苦行は催眠的幻覚の中で体験され，そのあと健忘されるかもしれない。どんなケースであっても，ドラマティックあるいはユーモラスな介入は，その人の個人的な可能性やリソースをもとに考えられ，それらを広げていったところにエリクソンの真骨頂がある。患者の社会的文脈もまたエリクソンの治療においては強調されていた。

社会的文脈

　人間行動における社会／身体的文脈へ注意を喚起したこともエリクソンが心理療法へおこなった主要な貢献の一つである。エリクソンは，患者の生活環境を見立てと治療のプロセスに含めた。介入法をまとめる際には，問題を維持しているあるいは問題を解決するために利用可能な身体的社会的環境について思いを巡らした。エリクソンは必要なら患者の家に訪問して治療をおこなった。このことは彼の時代においては，正統的な心理療法の慣習からの逸脱であったが，現代では訪問治療がよくおこなわれるようになっており，もはや禁忌ではなくなったことからも評価されてよいと思う。

　エリクソンが治療をはじめた頃，心理療法の三大流派は患者を取り巻く社会的文化的要因についてはほとんど関心を払っていなかった。精神分析は，過去の葛藤に関心を寄せており，行動療法家は，先行刺激という観点から社会的文脈に注意を向けていただけであったし，「三番目の勢力」の人間学的心理療法は，面接室の中で治療的環境を提供することで，患者の自然な治癒

は展開されるであろうと考えていた。どの流派も家族を治療の中に積極的に巻き込むものはなかった。どれも，家庭でのあるいは職場での治療の可能性については示唆してこなかったし，訪問治療はされていなかった。どのように対応すべきか考えるとき，エリクソンは，治療を診察室に限定するようなことはしなかった。

　エリクソンは「ケアーの連続性」という概念を体現していたと言えるかもしれない。このことばは，今日マネージド・ケアの保険会社によって喧伝されており，彼らは家庭で治療する方が入院治療よりもまさる（そして安い）とみなしている。エリクソンは，亡くなる寸前で不可能になるまで生涯にわたって，家庭訪問を行った。おそらく彼は単純に，寝たきりの癌患者は，彼のもとに連れて来られるよりもその人の家で診る方が人道的であると考えたのかもしれない。

　これまでに述べたようにエリクソンは，同時代の治療者が治療対象を個人に限定していた理論的制約のためにおこなおうとしなかった夫婦療法と家族療法を実践した。ジョン・ウィークランドとジェイ・ヘイリーとの対話で，治療に加わりたがらない家族をどうやって引き込むかについて，エリクソンは次のように述べている。

　　何も協力が得られないかもしれないのだから，いつももっともわかりやすくよいものを求めなければなりません。いつも患者から，家で他の家族がどう反応するかを探り出そうとしなければなりません。他の者は治療で何がおこなわれているか知ろうとするでしょう。ときには他の者の好奇心を刺激しているかもしれません。ある女性に，夫がどのように感じるかわからないと言うとします。それは彼女が夫に言える何かになります。夫は言われたことを解釈します。どのように受け取ろうか考えます。次回，夫がどのように反応したか彼女は教えてくれ，彼のことばを再構成できます。彼が最初に気付くのは，あなたの思い込みを正すためにやって来なきゃならないと考えはじめたことです。それで彼は妻に，彼のための予約をとるよう言いつけます（Haley, 1985b: 147）。

第5章　ミルトン・エリクソンの影響　163

　エリクソンは，すべての面接が彼の診察室でおこなわれるときでも，患者の慣習や状況に介入の仕方を合わせようとした。たとえば，患者に，職場での成り行きを催眠による幻覚で起こさせ，将来のポジティブな仕事のイメージへと方向付けるかもしれない。この章で前に身だしなみの悪かった女性について述べた。ある介入によって，彼女の習慣に新たな次元が形成され（地方のデパートの化粧品コーナー），別の介入によって，彼女の職場環境が利用された（雇用主のダンスパーティ）。

　エリクソンは，いつ社会的文脈的側面を排除すべきかを知っていた。ある医者から，ニキビのことで18歳の息子の相談を受けた。彼は彼女に，冬休みに息子を連れて行き，2週間どこでも鏡を見させないようにと指示した。ニキビはすっかりなくなった（O'Hanlon and Hexum, 1990）。エリクソンの介入は，古い時代のやり方に見えるかもしれない。多くの治療者がやりそうにないやり方であり，主要な心理療法理論の原則から一般化されるようなこともないであろう。

　現在，家庭にもとづく家族療法が一般的になりつつある。包括的な治療プログラムは，患者の家族，学校，教会，レクリエーション環境を治療のプロセスに含めている。現代の臨床家は，家族や地域の人々の援助や協力を活用して，患者の成功に役立てようとしている。エリクソンだけが，家庭にもとづく治療を発展させた人物であるというわけではないが，彼が最初に積極的にそれをおこなったということは言ってよいだろう。ミルウォーキーのセントポーリアの女王を思い出してほしい。患者からおばの家を訪問してほしいという要請に応えたものだった。その介入法は，幅広く地域のコミュニティを取り込むもので，地域の人々が婚約，結婚，出産，死亡したときなど人生の節目のときにセントポーリアを贈らせることで交流をもたせた。

　家庭／コミュニティにもとづく家族指向の治療は，エリクソンが患者のそのときどきの環境に注意を向けた結果であった。エリクソンは，患者の環境の中に治療に取り込めるものがあればどんなものでも利用しようとした。彼は患者の社会的文脈にそって治療することの有用性を認めていた。彼の個人

164

にそしてその社会的文脈にあわせて仕立てられた介入法は，エリクソンの治療の特色の一つであり，世界中に熱心な支持者を生んだ。

世界に拡がる支持者たち

1970年代から急速にエリクソンの業績が受け入れられつつあり，今なおその動きは加速している。この急速な変化は，心理療法界に理論的制約を超えて患者を経験的な方法をもちいて治療に積極的に参加することのできる独自の存在と見るような動きが起こってきたことを反映している。

エリクソンは，若い頃から，催眠の世界では有名であった。1940年代までに，エリクソンはひたむきな催眠研究者としての名声を獲得しており，催眠と催眠療法における権威となっていた。1950年代から1960年代初期にかけて，彼は世界中の専門家に教育講演をしてまわった。1973年，『アンコモンセラピー』がジェイ・ヘイリーによって出版されると，彼への注目は指数関数的に増加した。エリクソンとロッシの共著やヘイリーのさらなる出版は，そのプロセスを推し進めた。1970年代後半には，多くの専門家がフェニックスへと向かった。「砂漠の聖地」で学ぶために。

1978年，第1回目の催眠と心理療法におけるエリクソニアン・アプローチの国際学会の計画が着手された。その学会は，実際に開催される9カ月前にエリクソンが亡くなったにもかかわらず，2,000人以上の参加者があった。多くの友人を招いてエリクソンの78歳の誕生日祝賀会が開かれる予定が組まれていたが，そのかわりにミルトン・H・エリクソン財団が発足された。エリクソン自身も，彼の妻エリザベス，ジェフリー・ザイグ彼の当時の妻シェロン・ピータース Sherron Peters とともに設立理事の一人だった。

財団は，フェニックスにあり，催眠と心理療法におけるエリクソニアン・アプローチの普及促進に努めている。また同時に心理療法全般の発展に貢献している。財団の基本理念は，以下の通りである。

第5章　ミルトン・エリクソンの影響　165

　ミルトン・H・エリクソン財団の使命は，健康科学の専門家のために教育プログラムを提供することである。それは倫理を守りつつ故ミルトン・H・エリクソン博士による貢献を発展させることによって，医学，臨床の催眠と催眠療法の理解と実践を世界に広めることである。それはエリクソンの技法をさまざまな心理療法に統合し，そのことによって心理療法と健康科学のさらなる発展を促進することである。エリクソン財団は，このような使命に関連するエリクソン・アーカイヴスを維持保存し発展させることに努める。

　財団は，（エリクソンや他の著名な心理療法家の書籍，オーディオ記録，ビデオ記録などの）情報を保管しており，専門家はそれらに接することができる。また財団は，さまざまな会を主催しており，少なくとも年に1回は，心理療法発展会議やブリーフセラピー，エリクソニアンセラピーなどの大きな会を催している。地域によっては，夫婦療法，セックスセラピーのカンファレンスも開催している。また年に3回，エリクソニアン催眠療法の五日間の集中セミナーを初級，中級，上級別に開いている。さらにニュースレターを発行しており，10冊以上の講演集を刊行した。インターネットのウェブサイトは，http://www.erickson-foundation.org/である。

　興味をもったときに地域のエリクソニアン協会を利用できるなら，それがアメリカであっても海外であっても関心は増していくだろう。1998年，世界に75以上の財団の支部協会が存在している。これらの協会は，教育トレーニング，スーパーヴィジョンそして治療に力を注いでいる。それらは情報とアイデアを交換するための広場となっている。

カンファレンス

　財団は，3種類の大きなカンファレンスを開催してきている。催眠と心理療法におけるエリクソニアン・アプローチ，ブリーフセラピーそして心理療法の発展会議である。これらのカンファレンスは，世界中から心理療法家が集い，臨床家の技術の向上と成長に貢献してきた。革新的な心理療法家が，

彼らの治療について講演したり，実際の使い方をトレーニングしたりしている。

心理療法の発展会議はアメリカで5年ごとに開催されている（1985, 1990, 1995）。一度ヨーロッパで開催されたこともある（1994）。以下のような現代の心理療法の指導者が招かれた。アーロン・ベック Aaron T. Beck, ブルーノ・ベッテルハイム Bruno Bettelheim, マレイ・ボーエン Murray Bowen, ジェームス・ブーゲンタール James F.T. Bugental, アルバート・エリス Albert Ellis, ヴィクトール・フランクル Victor Frankl, ユージン・ジェンドリン Eugene Gendlin, ウィリアム・グラッサー William Glasser, メアリーとロバート・グールディング Mary M. and Robert Goulding, ジェイ・ヘイリー, ジェームズ・ヒルマン James Hillman, オットー・カーンバーグ Otto F. Kernberg, レイン R.D. Laing, アーノルド・ラザルス Arnold A. Lazarus, アレキサンダー・ローエン Alexander Lowen, クロエ・マダネス, ジュド・マーマー Judd Marmor, ジェームズ・マスターソン James F. Masterson, ロロ・メイ Rollo May, ドナルド・マイケンバウム Donald Meichenbaum, サルバドール・ミニューチン Salvador Minuchin, ゼルカ・モレノ Zerka Moreno, マラ・セルビニ・パラツォーリ Mara Selvini Palazzoli, アービングとミリアム・ポルスター Erving and Miriam Polster, カール・ロジャース, アーネスト・ロッシ, バージニア・サティア Virginia M. Satir, トーマス・サズ Thomas S. Szasz, ポール・ワツラウィック, カール・ウィタカー Carl A. Whitaker, ルイス・ウォルバーグ Lewis R. Wolberg, ジョセフ・ウォルピ Joseph Wolpe, アービング・ヤロム Irving Yalom とジェフリー・ザイグである。

ブリーフセラピー・カンファレンスは，およそ3年ごとに開催されており，短期精神力動学派，ゲシュタルト療法，認知療法，エリクソニアンセラピーなど異なる流派の専門家が結集している。1988年に第1回が催され，短期療法の多流派が集まった最初の学会であった。

討論者たちは，困難な問題に対して多岐にわたる見解を披露しあった。た

とえば，クリスティーン・パデスキー Christine Padesky（認知行動療法家）が，ジェームズ・マスターソン（マスターソン協会の創設者，人格障害への精神力動的心理療法について何冊もの著書がある）をパネリストに迎えて，彼女の境界性人格障害の治療について発表したとき，マスターソンは彼女に長期間疎外され犠牲になってきたと感じている人を例にして問いかけた。患者が同僚の何気ない会話を（誤）解釈して自分が嫌われていると述べたら，どのように対応するのか，と。パデスキーは，患者の世界の人々が彼女を嫌う可能性を認めた上で，それから同僚のことばには他にどんな意味があるだろうかと尋ねてみると答えた。マスターソンは，しばらくこのことを考えて，それはいい考えだ，使わせてもらうよ，と述べた。このパネルで，精神分析家と認知行動療法家が対話を通じて一定の見解を分かち合った。これは，カンファレンスがエリクソンの個人哲学，無理論的なものの見方に沿って開催されたことで，心理療法の諸流派間の友好関係樹立を促進した例の一つである。ひとたび理論上の「俗」な障壁が取り払われたなら，一個の全体としての患者のさまざまな側面への多様な見解を見ることが可能となる。このように，財団のカンファレンス，理論の統合を育んでいるが，これがまさに「エリクソン流」なのである。

　「統合的カンファレンス」に加えて，「国際エリクソニアン催眠・心理療法学会」が1980年から6回にわたって開催され，7回目が1999年に予定されている。その間の年で，より小さなエリクソン・セミナーが開催されている。「学会」には1,000〜2,000人の参加者があり，セミナーには700人程度の参加者がある。指導的な臨床家が集まって，エリクソン流の見方や実際について役立つ発表がなされている。

　このようなトレーニングの機会以外にも財団は，エリクソンと彼の治療に興味をもった臨床家のためにニュースレター，ウェブページ，メーリングリストなどを通じて豊富な情報提供をおこなっている。これらの膨大なリソースはエリクソンへの関心が世界中に広がっていることを証明している。そしてエリクソンの影響を受けてさまざまな流派が生み出されてきた。

派生した流派

　エリクソンがさまざまな領域に影響を与えてきたのは疑いのないことである。ここではエリクソンの影響があきらかであるようなアプローチを便宜的に派生した流派と呼ぶことにする。グレゴリー・ベイトソンとの交際を通じて，MRI（the Mental Research Institute）はコミュニケーションにおけるエリクソンの考えを探し出した。ヘイリーとマダネスはエリクソンの発想をもとに戦略的心理療法を発展させた。神経言語プログラミング Neuro-Linguistic Programming は，部分的であるが，エリクソンのコミュニケーションのパターンと様式を分析して取り込んでいる。ロッシのマインド‐ボディワークは，彼が催眠下の患者に起こる生理的な変化について学んだことにもとづいている。

　エリクソンの成功と創造性は，さまざまな心理療法の源泉となっている。多くの彼の弟子たち（とその弟子たち）は，それぞれにエリクソンのもとで学んだことをもとにして自分の心理療法を発展させて組織化していっている。これらのエリクソニアンには，ジェフ・ザイグ，スティーヴンとキャロル・ランクトン，スティーヴン・ギリガン，ウィリアム・オハンロンらが含まれ，さらにエリクソン流の原則にもとづいて心理療法をおこなっているが直接エリクソンに教わったことのない，たとえばマイケル・ヤプコのようなネオ・エリクソニアンも増えてきている。

MRI Mental Research Institute

　1952 年から 1962 年，グレゴリー・ベイトソンはコミュニケーションの調査研究プロジェクトを主宰した。そのチームは，ジェイ・ヘイリー，ジョン・ウィークランド（研究助手），ドン・D・ジャクソン，ウィリアム・F・フライ（顧問精神科医）で構成されていた。そのプロジェクトの扱うパラメーターは多岐にわたった。コミュニケーション・プロセスに生じるパラ

第5章　ミルトン・エリクソンの影響　169

ドックスについての手がかりが得られそうなものならどんなものでも調査の
対象とした。エリクソンの協力は，1950年代の半ばからであった。ベイト
ソンはエリクソンに5枚の手紙を書いて，ダブルバインド（二重拘束）の概
略を説明し，催眠者の行動と統合失調症家族の拘束にある類似性について尋
ねた。ベイトソンは，ジェイ・ヘイリーとジョン・ウィークランドをエリク
ソンに紹介した。ヘイリーは引き続き，エリクソンの催眠セミナーに参加し
た。当時プロジェクトは，とりわけ病理性を維持するコミュニケーションの
パターンがどのようなものなのかを研究していた。それはホメオスタティッ
クなモデルで，家族の構造とコミュニケーション・パターンについてはよく
説明していたが，治療における変化の過程の研究というよりもより人類学的
で記述的なものであった。

　ジェイ・ヘイリーとジョン・ウィークランドは初期にエリクソンに接した
ためにその短期的な治療方法のアイデアに魅了されていき，後にヘイリーは
戦略的心理療法を発展させ，ウィークランドはMRIに残って，「相互作用的
アプローチ」を創始者の一人となった。彼らが初めてエリクソンに出会った
頃，心理療法は，精神分析が主流であった。対照的に，あきらかに指示的で
あったエリクソンは素早くよい治療結果を達成していた。ヘイリーとウィー
クランドは苦行，家族への介入方法，催眠，課題，メタファーについて学ん
だ。戦略的心理療法の指示的な特質は，治療者の役割を受動的なものから能
動的なものへと変え，短期間に治療を終結する可能性を飛躍的に増大させた。
ヘイリーとウィークランドはエリクソンから学んだものをパロ・アルトへと
もち帰って，1967年に後に現在のブリーフセラピー・センターとなる部門
がMRIに設立された。そこでエリクソンの治療法は，ポール・ワツラウィ
ック，ドン・ジャクソン，リチャード・フィッシュといった人たちの考えに
影響を与え続けた。

戦略的／ソリューション・フォーカスト・アプローチ

　ヘイリーは，パロ・アルト・グループのもとを去って，フィラデルフィ

ア・チャイルド・ガイダンス・クリニックへと移り，構造的家族療法の創始者のサルバドール・ミニューチンやブラウリオ・モンタルボ Braulio Montalvo とともに共同研究をおこなった。ヘイリーは，家族内の影響力のヒエラルキーや分布に着目し，家族システムへの戦略的な介入方法を発展させた。その後に彼はワシントン州家族療法協会 the Family Therapy Institute of Washington, DC を設立し，そこにクロエ・マダネスが加わることとなった。

1969 年，スティーブ・デイ・シェイザーはブリーフセラピーの研究を開始した。『解決への鍵 Keys to Solutions in Brief Therapy』（1985）で，デイ・シェイザーは，彼のブリーフセラピーの発想がエリクソンに影響を受けていることを述べている。

> 私の考える，ブリーフセラピーへの鍵を述べてみよう。**それはクライエントのニーズに合わせてクライエントがたずさえてくるものを利用して，人生を満足いくようにおくってもらうことである**（1985; 6）。

エリクソンの戦略的な問題——解決の発想が，デイ・シェイザーの初期の仕事に色濃く影響しているのがわかる。彼はまたエリクソンが未来の肯定的なビジョンをつくり出して治療にもちいたことを取り入れて，「ミラクル・クエスチョン」を生み出した。「もし明日朝起きたとき，問題が奇跡的に解決していたなら，ものごとはどのように変わっているでしょう？」デイ・シェイザーは，ブリーフセラピー・ムーブメントにおける主要な推進者となっている。

神経言語プログラミング

心理療法家のリチャード・バンドラー Richard Bandler と言語学者のジョン・グリンダー John Grinder は，神経言語プログラミングと言われるコミュニケーション論を基礎とした催眠と心理療法へのアプローチを開発した。

第5章　ミルトン・エリクソンの影響　171

彼らは，ノーム・チョムスキー Noam Chomsky の変形文法などを駆使して，エリクソンや他のエキスパートに見られるコミュニケーション・パターンを分析した。ミルトン・エリクソンの治療と症例研究は，彼らの主要な焦点であった。彼らは，1975 年に『ミルトン・H・エリクソンの催眠技法のパターン Vol.1 Patterns of the Hypnotic Techniques of Milton H. Erickson MD, Vol. 1』を刊行した。エリクソンの影響は，彼らの著作の多くや，精力的に著作や教育をおこなっているロバート・ディルツ Robert Dilts ら NLP の解説者たちにも認められる。

ロッシのマインド - ボディワーク

アーネスト・ロッシは，ユング派の分析家として出発し，エリクソンとは最初は患者として次いで弟子としてそして最終的には共同研究者として関わった。ロッシはエリクソンの誠実な編集者でもあった。彼は，エリクソンの著作のほぼすべてを全集にまとめ上げ，一部エリクソンのコメントやエリクソンについての解説を載せた。次いでロッシは，精神神経免疫学を探求して独自のアプローチを開発した。彼は精力的に，心と身体の結びつきを研究し，治癒過程を促進するために無意識のリソースに働きかけるモデルを開発した。さらに彼は患者に，治癒や成長を増進するために自然な身体リズムを利用することを勧めた。

ネオ・エリクソニアン

エリクソンに影響を受けたものたちは，心理療法に重要な貢献を続けている。ここでの反論はただ一つで，それはどれもすでにエリクソンがおこなったことばかりである，ということである。彼の治療法の発展は，今日でさえ，進行中の作業である。ヘイリー，ウィークランド，フィッシュ，ジャクソン，ワツラウィック，バンドラーとグリンダー，ロッシ，デイ・シェイザーらは，エリクソンから枝分かれした流派を生み出してきたと認められている。このグループ（派生学派）と残りの「ネオ・エリクソニアン」グループの境界線

172

をどこに引くかは，ある程度恣意的なものである。やがてこれから述べる人たちの業績も展開していく中で，派生学派となっていくかもしれないのである。

　ジェフリー・ザイグは，エリクソンの催眠と治療に潜在するコミュニケーション・プロセスを理解するためのメタモデルを論じた（Zeig, 1992）。彼は，エリクソンが介入をはじめるときに先で課題を導入する際に有用となるような「種蒔き seeding」をおこなっていることを解明した（Zeig, 1990a）。彼は，利用法について詳しく述べ（Zeig, 1992），エリクソンとの個人的な体験を記述し（Zeig, 1985, Zeig and Geary, 1990），心理療法一般のさまざまな側面について解説した（Zeig and Munion, 1990）。さらに彼は，ミルトン・H・エリクソン財団の理事長である。そしてエリクソン財団が主催するあらゆるカンファレンスとトレーニングの計画に注力している。

　スティーヴンとキャロル・ランクトンはエリクソンの弟子であった。スティーヴンは，エリクソン財団のエリクソニアン・モノグラフ・シリーズの初代編集長であった。エリクソニアン・モノグラフは，さまざまなエリクソニアンの治療者の視点から，治療に関連するトピックスを検討したり，関連図書の批評をおこなったりした。ランクトン夫妻は，催眠（1983）や，家族療法におけるエリクソニアン技法（1986）を著した。夫妻は，エリクソンの治療法のトレーニングも積極的におこなっている。

　ウイリアム・オハンロンは，エリクソンの業績に関する重要な著作を出版し（O'Hanlon, 1987; O'Hanlon and Hexum, 1990），エリクソンの治療技法の入門書も出版した。オハンロンは，ソリューション・フォーカスト・アプローチの発展にも携わった（Cede and O'Hanlon, 1993; O'Hanlon and Weiner-Davis, 1989; O'Hanlon and Martin, 1992）。彼は，非常に活動的に，執筆，教育，治療をおこなっている。ジョセフ・バーバー Joseph Barber（Barber, 1977a, 1977b, 1980,1987, 1989, 1993; Barber and Adrian, 1982; Price and Barber, 1987）は，ペイン・コントロール技法と催眠の領域に多大な寄与し，エリクソニアン・コングレスの永久会員である。マイケル・ヤプコ（1988,

1989, 1992）は，催眠，抑うつのブリーフセラピーをテーマに重要な著作を
ものしている。彼はまた指示的療法についても明快な発表をおこなっている
（Yapko, 1990）。

　故ケイ・F・トンプソン Kay F. Thompson は，エリクソンの弟子でもあ
ったが，歯科におけるペイン・コントロールのための催眠療法の指導者であ
り教育者であった。スティーヴン・ギリガンは，20 年間にわたってエリク
ソニアンの技法の教育をおこない，多くの論文を発表した（Gilligan, 1993;
Gilligan and Price, 1987; Zeig and Gilligan, 1990; Lankton et al., 1991）。彼の
現在の治療法は，「自己―物語 Self-Relations」療法へと発展し，独自の流派
を形成しつつある（Gilligan, 1997）。慢性で抵抗の強い患者と同様に性虐待
サバイバーにエリクソンの治療原則を応用し，力強く発展させているのは，
イヴォンヌ・ドラン Yvonne Dolan（1985,1986,189,1991,1997）である。ジョ
ンとジャネ・エジェット John と Janet Edgette（1995）は，催眠について深
い考察をおこなっている。ダニエル・アローズ（1985）や，ハーブ・ルステ
ィヒ Herb Lustig，シドニー・ローゼン Sidney Rosen，ベティ・アリス・エ
リクソン，フィリップとノーマ・バレッタ夫妻 Phillip and Norma
Baretta……，数え上げていくと際限がないが，彼らは，エリクソンの影響
を受け，エリクソンの治療技法のトレーニングをおこなっている。

結　論

　エリクソンは，マスター催眠者として広く認められている一方
（Zilbergeld et al., 1986; Weitzenhoffer, 1989），おそらくエリクソン催眠の衝
撃は，彼の治療全体の中でより理解されるだろう。コリドン・ハモンド D.
Corydon Hammond（1986）は，エリクソンが最高の治療者であり驚異的な
業績を残したという主張の妥当性について検討した。彼は，エリクソンを神
格化することも，他の治療者の業績の質を評価する際にもちいられる基準と
は別の特別な基準で彼を評価することも慎重に避け，バランスのとれた見方

を示した。ハモンドは，他の治療者たちの場合と同じように，エリクソンの場合においても「有効率」についての実証的なデータがないと指摘している。彼はこう結論をくだした。

　　私たちが，エリクソンが治療者としてどのくらいの成功率をおさめたのか正確に知ることは不可能であろう。ただこのことは，他の治療者についても言えることである。私は，数々の証拠はエリクソンは，もっともすぐれた治療者の一人であることを示していると思う。彼には，他の優秀な治療者が見習いたくなるような多くの特質があった！　彼が，大切に伝えようとしたことは，患者に敬意を払い，彼らのありのままを受け入れるということである。彼は，催眠や他のどんな方法も万能薬として信じるような「催眠者」では決してなかった。催眠は治療の一つの要素であった。彼は折衷主義のひときわすぐれた存在であり，役立つものであれば何でも喜んで使おうとした。彼はいつも治療を患者ひとりひとりに合わせて仕立てようとし，患者を治療者の理論や好みの治療モデルに当てはめようとすることはなかった。何が有効に働くかが関心の的であり，何が治療理論に適合するかしないかはどうでもよかった。彼はまた，患者の治療にはきわめて献身的にあたり，治療の計画作成と内省的に自分の行動を分析することに必要なだけ膨大な時間を費やした。彼は不屈であり，抵抗は患者の問題ではなく，彼自身の創造性や柔軟性へのチャレンジとみなされた。私は，これらのことは卓越した特質であると思う（1986: 235）。

　さらに彼は次のように述べている。

エリクソンに啓発されたアプローチの未来は輝かしい。研究生たちは，トレーニングを求め続け，エリクソンの英知の新しい側面はこれからも解明されてゆき，新しく派生的な方法が生み出される。ミルトン・エリクソンの遺産は，現代の臨床に影響を及ぼし続けるだろう。

エリクソン関連の書籍と
エリクソン財団から刊行された書籍の目録

Alman, B. and Lambrou, P. (1991) Self-hypnosis: The Complete Manual for Health and Self-change (2nd edn). New York: Brunner/Mazel.

Bandler, R. and Grinder, J. (1975) Patterns of the Hypnotic Techniques of Milton H. Erickson, MD (Vol. 1). Cupertino, CA: Meta Publications.

この本は，トランス誘導におけるエリクソンのことばのもちい方を再現するためのマニュアルである。このモデルは，変形生成文法と分離脳研究をもとにしている。

Bauer, Sofia M.F. (1998) Hipnoterapia Ericksoniana paso a paso. Campinas/SP Brazil: Editora Psy (in Portuguese).

Bell-Gadsby, Cheryl and Siegenberg, Anne (1996) Reclaiming her Story: Ericksonian Solution-focused Therapy for Sexual Abuse. New York: Brunner/Mazel.

Combs, G. and Freedman, J. (1990) Symbol, Story and Ceremony: Using Metaphor in Individual and Family Therapy. New York: Norton.

著者たちは，エリクソン流心理療法の芸術的な側面とメタフォリカルな側面について詳述している。

Cooper, L. and Erickson, M. (1982) Time Distortion in Hypnosis (2nd edn). New York: Irvington.

この領域におけるエリクソンとクーパーの実験および臨床研究の成果である。その内容の多くは，Collected Papers に収められている。

Dolan, Y. (1985) A Path with a Heart: Ericksonian Utilization with Resistant and Chronic Clients. New York: Brunner/Mazel.

この本では，エリクソンの原則と技法の適用を拡げて，遷延化し，多くの問題を抱えた治療困難な患者へどのように対応すればよいかが示されている。

Dolan, Y. (1991) Resolving Sexual Abuse: Solution-focused Therapy and Ericksonian Hypnosis for Adult Survivors. New York: Norton.

Edgette, J. and Edgette, J. (1995) The Handbook of Hypnotic Phenomena in Psychotherapy. New York: Brunner/Mazel.

Erickson, M., Hershman, S. and Secter, I. (1989) The Practical Application of Medical and Dental Hypnosis (3rd edn). New York: Brunner/Mazel.

この本は，1950年代後半にエリクソンらによって医科，歯科，心理学の臨床家向けにおこなわれたワークショップの記録をもとに編集されたものである。1989年にジェフリー・K・ザイグの序文が付されて再刊行された。

Erickson, M., Rossi, E. and Rossi, S. (1976) Hypnotic Realities: The Induction of Clinical Hypnosis and Forms of Indirect Suggestions. New York: Irvington.

この本は，エリクソンとロッシの共著三部作の第一作である。エリクソンの催眠をわかりやすく説明している。エリクソンの催眠誘導の逐語録について検討され，エリクソンのコメントが付けられている。エリクソンがおこなった同一被験者への2回の催眠誘導が録音されたカセットテープが付いている。

Erickson, M. and Rossi, E. (1979) Hyponotherapy: An Exploratory Casebook. New York: Irvington.

三部作の第二作である。この本では，多くのケースと逐語録をもちいてエリクソンの催眠療法を解説している。幻肢痛で悩む夫と耳鳴りを訴える妻へのエリクソンの催眠療法が録音されたカセットテープが付いている。

Erickson, M. and Rossi, E. (1981) Experiencing Hypnosis: Therapeutic Approaches to Altered State. New York: Irvington.

三部作の第三作であり，エリクソンによる精神科領域における催眠についての講演録が収載されており，またさまざまな治療技法についての検討が加えられている。エリクソンの有名な非言語的な腕のカタレプシー誘導についても記述されている。2本のカセットテープ（この講演の記録）が付いている。

Erickson, M. and Rossi, E. (1989) The February Man: Evolving Consciousness and Identity in Hypnotherapy. New York: Brunner/Mazel.

Gilligan, S.G. (1986) Therapeutic Trances: The Cooperation Principle in Ericksonian Hypnotherapy. New York: Brunner/Mazel.

この本は，ギリガンによるエリクソン流催眠療法の概説であり，彼の自分に不利益なトランス現象としての症状というモデルとそれをどうやって自分に有益なものへと変えていくかについて述べられている。主要な催眠学派についても記述されていて，エリクソンをその文脈の中で理解することも可能となっている。

Gordon, D. (1978) Therapeutic Metaphors: Helping Others Through the Looking Glass. Cupertino, CA: Meta Publications.

Gordon, D. and Myers-Anderson, M. (1981) Phoenix: Therapeutic Patterns of Milton H. Erickson. Cupertino, CA: Meta Publications.

エリクソンの心理療法を体系化して明確にしようとする試みである。エリクソンの心理療法セミナーから素材を集めて理論を提示している。

Grinder, J., DeLozier, J. and Bandler, R. (1977) Patterns of the Hypnotic Techniques of Milton H. Erickson, M.D., Vol. II. Cupertino, CA: Meta Publications.

シリーズ第二作にあたる本書では，感覚にもとづくマップや，言語的メッセージと非言語的メッセージが一致するクライアントと一致しないクライアントのそれぞれへの催眠療法，そのほかのエリクソンの催眠療法に関するアイデアなどについて解説されている。エリクソンの治療の記録（ビデオテープ "Artistry of Milton Erickson"）が分析され，両巻を通して公式が示されている。

Haley, J. (1963) Strategies of Psychotherapy. New York: Grune & Stratton.（高石昇訳：戦略的心理療法. 黎明書房，1986.）

Haley, J. (ed.) (1967) Advanced Techniques of Hypnosis and Therapy: Selected Papers of Milton H. Erickson, MD. New York: Grune & Stratton.

これは，エリクソンの催眠と心理療法に関する主要な論文を集めた本である。またエ

エリクソン関連の書籍とエリクソン財団から刊行された書籍の目録　177

リクソンの簡単な伝記と長年の弟子であるヘイリーの解説も収録されている。ヘイリ
ーの手によるもの以外は，ロッシの全集に収められている。

Haley, J. (1973) Uncommon Therapy: The Psychiatric Techniques of Milton H. Erickson,
MD. New York: Norton. (高石昇，宮田敬一監訳：アンコモンセラピー. 二瓶社，2001.)
豊富なケースが提示され，技法についても解説されている。おもにエリクソンの心理
療法が扱われている。内容は家族ライフサイクルの視点からまとめられている。

Haley, J. (1976) Problem Solving Therapy. San Franscisco: Jossey-Bass. (佐藤悦子訳：家族
療法. 川島書店，1985.)

Haley, J. (1984) Ordeal Therapy. San Francisco: Jossey-Bass. (高石昇，横田恵子訳：戦略
的心理療法の展開. 星和書店，1988.)
ヘイリーがエリクソンから学んだよき苦行療法を拡張したものである。いくつかエリ
クソンのケースも含まれているが，多くはヘイリーがスーパーヴァイズしたものか彼
自身が治療したものである。

Haley, J. (1985a) Conversations with Milton H. Erickson, MD, Vol. I: Changing Individuals.
New York: Triangle (Norton). (門前進訳：ミルトン・エリクソンの催眠療法. 誠信書房，
1997.)

Haley, J. (1985b) Conversations with Milton H. Erickson, MD, Vol. II: Changing Couples.
New York: Triangle (Norton).

Haley, J. (1985c) Conversations with Milton H. Erickson, MD, Vol. III: Changing Children
and Families. New York: Triangle (Norton). (森俊夫訳：ミルトン・エリクソン子どもと
家族を語る. 金剛出版，2001.)
これらの会話の多くは，1950年代後半にエリクソンとヘイリー，ジョン・ウィーク
ランド（ときにグレゴリー・ベイトソンも）の間で交わされたものである。ヘイリー
とウィークランドは，ベイトソンのコミュニケーション研究プロジェクトと自分たち
の個人，夫婦，家族を対象とした心理療法のために，エリクソンのブリーフセラピー
を理解しようとした。この本を読んでいると，エリクソンのスーパーヴィジョンの記
録を読んでいるかのような感じを受ける。ここで扱われているケースの多くが，アン
コモン・セラピーの素材となっている。

Haley, J. (1993) Jay Haley on Milton H. Erickson. New York: Brunner/Mazel.

Havens, R. (1985) The Wisdom of Milton H. Erickson. New York: Irvington.
この本は，エリクソンの催眠と心理療法に関する引用集である。引用は，セクション
ごとに分類され，エリクソンの治療の自然なモデルとなっている。

Havens, Ronald A. (ed.) (1992) The Wisdom of Milton Erickson: Human Behavior and
Psychotherapy, Vol. II. New York: Irvington Publishers.

Havens, R. and Walters, C. (1989) Hypnotherapy Scripts: A Neo-Ericksonian Approach to
Persuasive Healing. New York: Brunner/Mazel.

Kershaw, C. (1992) The Couple's Hypnotic Dance: Creating Ericksonian Strategies in
Marital Therapy. New York: Brunner/Mazel.

Klippstein, H. (ed.) (1991) Ericksonian Hypnotherapeutic Group Inductions. New York:
Brunner/Mazel.

Lankton, C. and Lankton, S. (1989) Tales of Enchantment: Goal-oriented Metaphors for

Adults and Children in Therapy. New York: Brunner/Mazel.

Lankton, S. (1980) Practical Magic: A Translation of Basic Neurolinguistic Programming into Clinical Psychotherapy. Cupertino, CA: Meta Publications.

Lankton, S. (ed.) (1985) Ericksonian Monographs Number 1: Elements and Dimensions of an Ericksonian Approach. New York: Brunner/Mazel.

　ミルトン・エリクソン財団による教育と情報交換を目的としたエリクソン・モノグラフ・シリーズの第一作目である。この巻では，エリクソンの治療の応用についてのさまざまな論文が収められている。またエリザベート・エリクソン（夫人）からの寄稿や未発表のエリクソンの医学催眠に関する論文も収録されている。

Lankton, S. (ed.) (1987) Ericksonian Monographs Number 2: Central Themes and Principles of Ericksonian Therapy. New York: Brunner/Mazel.

　エリクソン・モノグラフシリーズの第二作目である。九つの論文と三つの書評が収められている。

Lankton, S. (ed.) (1989) Ericksonian Monographs Number 5: Ericksonian Hypnosis: Application, Preparation and Research. New York: Brunner/Mazel.

Lankton, S. and Erickson, K. (eds) (1993) Ericksonian Monographs Number 9: The Essence of a Single Session Success. New York: Brunner/Mazel.

Lankton, S., Gilligan, S. and Zeig, J. (eds) (1991) Ericksonian Monographs Number 8: Views on Ericksonian Brief Therapy, Process and Action. New York: Brunner/ Mazel.

Lankton, S. and Lankton, C. (1983) The Answer Within: A Clinical Framework of Ericksonian Hypnotherapy. New York: Brunner/Mazel.

　エリクソンとランクトンの豊富な事例を示してエリクソン流心理療法における催眠のもちい方をわかりやすく解説している。

Lankton, S. and Lankton, C. (1986) Enchantment and Intervention in Family Therapy: Training in Ericksonian Approaches. New York: Brunner/Mazel.

　この本では，前作よりさらに突っ込んでエリクソンの治療を解説し，家族や夫婦に対する催眠の適用の仕方について述べられている。

Lankton, S., Lankton, C. and Matthews, W. (1991) 'Ericksonian family therapy', in A. Gurman and D. Kniskern (eds), The Handbook of Family Therapy, Vol. II. New York: Brunner/Mazel.

Lankton, S. and Zeig, J. (eds) (1988) Ericksonian Monographs Number 3: Treatment of Special Populations with Ericksonian Approaches. New York: Brunner/ Mazel.

Lankton, S. and Zeig, J. (eds) (1988) Ericksonian Monographs Number 4: Research, Comparisons and Medical Applications of Ericksonian Techniques. New York: Brunner/Mazel.

Lankton, S. and Zeig, J. (eds) (1989) Ericksonian Monographs Number 6: Extrapolations: Demonstrations of Ericksonian Therapy. New York: Brunner/Mazel.

Lankton, S. and Zeig, J. (eds) (1995) Ericksonian Monographs Number 10: Difficult Contexts for Therapy. New York: Brunner/Mazel.

Leva, R. (ed.) (1988) Psychotherapy: The Listening Voice: Rogers and Erickson. Muncie, IN: Accelerated Development.

エリクソン関連の書籍とエリクソン財団から刊行された書籍の目録　179

Loriedo, C. and Vella, G. (1992) Paradox and the Family System. New York: Brunner/Mazel.

Lovern, J.D. (1991) Pathways to Reality: Erickson-inspired Treatment Approaches to Chemical Dependency. New York: Brunner/Mazel.

Lustig, H. (1975) The Artistry of Milton H. Erickson, MD (Part 1 and Part 2). Haverford, PA: Herbert S. Lustig, MD, Ltd., a videotape of Erickson conducting hypnosis.

Matthews, W.J. and Edgette, John H. (eds) (1997) Current Thinking and Research in Brief Therapy: Solutions, Strategies, Narratives, Vol. I. New York: Brunner/ Mazel.

Matthews, W.J. and Edgette, John H. (eds) (1998) Current Thinking and Research in Brief Therapy: Solutions, Strategies, Narratives, Vol. II. New York: Brunner/ Mazel.

Mehl, L. and Peterson, G. (1989) The Art of Healing. New York: Irvington.

Mills, J., Crowley, R. and Ryan, M. (1986) Therapeutic Metaphors for Children and the Child Within. New York: Brunner/Mazel.

O'Hanlon, W.H. (1987) Taproots: Underlying Principles of Milton Erickson's Therapy and Hypnosis. New York: Norton. (森俊夫，菊池安希子訳：ミルトン・エリクソン入門. 金剛出版，1995.)

O'Hanlon, W.H. and Hexum, A.L. (1990) An Uncommon Casebook: The Complete Clinical Work of Milton H. Erickson. New York: Norton. (尾川丈一，羽白誠監訳：アンコモン・ケースブック. 亀田ブックサービス，2001.)

O'Hanlon, W.H. and Martin, M. (1992) Solution-oriented Hypnosis: An Ericksonian Approach. New York: Norton. (宮田敬一監訳，津川秀夫訳：ミルトン・エリクソンの催眠療法入門. 金剛出版，2001.)

Overholser, L. (1984) Ericksonian Hypnosis: Handbook of Clinical Practice. New York: Irvington.
　　この本は，エリクソン流の心理療法における催眠の誘導方法と臨床における使用法の入門書である。章末ごとに技術を実際に使っていくための演習がある。

Phillips, M. and Frederick, C. (1995) Healing the Divided Self: Clinical and Ericksonian Hypnotherapy for Post Traumatic and Dissociative Conditions. New York: Norton.

Ritterman, M. (1983) Using Hypnosis in Family Therapy. San Francisco: Jossey-Bass.

Robles, T. (1990) A Concert for Four Hemispheres in Psychotherapy. Mexico City: Institute of Milton H. Erickson de la Ciudad de Mexico. New York: Vantage Press.

Robles, T. (1991) Terapia cortada a la medida: un seminario ericksoniano con Jeffrey K. Zeig. Mexico City: Institute of Milton H. Erickson de la Ciudad de Mexico (in Spanish).

Rosen, S. (ed.) (1982) My Voice Will Go with You: The Teaching Tales of Milton H. Erickson. New York: Norton. (中野善行，青木省三監訳：私の声はあなたとともに. 二瓶社，1996.)
　　エリクソンがよく話していた教育的な物語を集めたものである。いくつかはケースに関するもので，いくつかは個人的な体験や家族についての逸話で，ローゼンによってコメントが付けられている。

Rossi, E. (ed.) (1980) The Collected Papers of Milton H. Erickson on Hypnosis. Vol. I: The Nature of Hypnosis and Suggestion; Vol. II: Hypnotic Alteration of Sensory, Perceptual and Psychophysiological Processes; Vol. III: Hypnotic Investigation of Psychodynamic

Processes; Vol. IV: Innovative Hypnotherapy. New York: Irvington.

この4巻には，エリクソンの催眠と心理療法に関する全論文が収められている。また
いくつかの未発表論文とエリクソンの共著論文（アーネスト・ロッシ，エリザベス・
エリクソン，ジェフリー・ザイグらとの）が収められている。

Rossi, E., Ryan, M. and Sharp, F. (eds) (1983) Healing in Hypnosis: The Seminars,
Workshops and Lectures of Milton H. Erickson, Vol. I. New York: Irvington.

この本は，エリクソンが1950年代，1960年代におこなったセミナーや講演の記録を
もとに編集されたシリーズ全4作の最初のものである。この本にはまた，短いのエリ
クソンの伝記や若いときのエリクソンの写真がいくつか収められている。またひとつ
の講演のテープが付録として付されている。

Rossi, E. and Ryan, M. (eds) (1985) Life Reframing in Hypnosis: The Seminars, Workshops
and Lectures of Milton H. Erickson, Vol. II. New York: Irvington.

上記の本の続編である。写真家への治療の録音テープが付録として付されている。

Rossi, E. and Ryan, M. (eds) (1986) Mind-Body Communication in Hypnosis: The Seminars,
Workshops and Lectures of Milton H. Erickson (Vol. III). New York: Irvington.

シリーズの第三作で，おもにエリクソンが心身の問題について扱ったものである。

Rossi, E. and Ryan, M. (1991) Creative Choice in Hypnosis: The Seminars, Work-shops and
Lectures of Milton H. Erickson, Vol. IV. New York: Irvington.

Walters, C. and Havens, R.A. (1993) Hypnotherapy for Health, Harmony and Peak
Performance: Expanding the Goals of Psychotherapy. New York: Brunner/Mazel.

Yapko, M. (1986) Hypnotic and Strategic Interventions: Principle and Practice. New York:
Irvington.

Yapko, M. (1990) Trancework (2nd edn). New York: Brunner/Mazel.

Yapko, M. (1992) Hypnosis and the Treatment of Depressions: Strategies for Change. New
York: Brunner/Mazel.

Yapko, M. (1995) Essentials of Hypnosis. New York: Brunner/Mazel.

Zeig, J. (ed. with commentary) (1980) A Teaching Seminar with Milton H. Erickson. New
York: Brunner/Mazel. （宮田敬一訳：ミルトン・エリクソンの心理療法セミナー. 星和
書店，1984.）

エリクソンが晩年におこなった五日間の教育セミナーの記録である。豊富な逸話，実
際の誘導，生徒たちとの対話などが含まれている。冒頭にザイグによるエリクソンの
逸話の使用についての解説が記されている。セミナーでおこなわれた催眠誘導につい
て，エリクソンとザイグの間で交わされた検討が巻末に収められている。独特なエリ
クソンの教育の才がよく現れている。

Zeig, J. (ed.) (1982) Ericksonian Approaches to Hypnosis and Psychotherapy. New York:
Brunner/Mazel.

1980年にフェニックスで開催された第1回国際エリクソニアン催眠・心理療法学会
の記録を編集されたものである。ジェイ・ヘイリーとカール・ウィタカーによる基調
講演，心理療法，医学などさまざまな領域のエリクソニアン心理療法に関する41の
論文が収録されている。

Zeig, J. (ed.) (1985a) Ericksonian Psychotherapy, Vol. 1: Structures. New York:

エリクソン関連の書籍とエリクソン財団から刊行された書籍の目録　181

Brunner/Mazel.

Zeig, J. (ed.) (1985b) Ericksonian Psychotherapy, Vol. II: Clinical Applications. New York: Brunner/Mazel.

　1983年にフェニックスで開催された第2回国際エリクソニアン催眠・心理療法学会の記録を編集したものである。基調講演，特別講演はワツラウィック，ロッシ，ヘイリー，マダネスによっておこなわれた。特別にエリクソンの家族による彼の子育て法のセクションもあった。エリクソニアン・アプローチの発展と新たな方向や適用の拡大が示されている。

Zeig, J. (ed.) (1985c) Experiencing Erickson: An Introduction to the Man and His Work. New York: Brunner/Mazel.（中野善行，青木省三監訳：ミルトン・エリクソンの心理療法.二瓶社，1993.）

　エリクソンがどのような人物でどのような治療者であったかを解説した入門書である。ザイグへのスーパーヴィジョンの記録も収められている。

Zeig, J. (ed.) (1987) The Evolution of Psychotherapy: The First Conference. New York: Brunner/Mazel.

　1985年にフェニックスで開催された第1回心理療法発展会議の記録である。27人の各流派の第一人者による講演と討論が収められている。

Zeig, J. (ed.) (1992) The Evolution of Psychology: The Second Conference. New York: Brunner/Mazel.（成瀬悟策監訳：21世紀の心理療法Ⅰ・Ⅱ.誠信書房，1989, 1990.）

　1990年にカリフォルニア州アナハイムで開催された第2回心理療法発展会議の記録である。23人の著明なセラピストによる講演と質疑応答が収められている。

Zeig, J. (ed.) (1994) Ericksonian Methods: The Essence of the Story. New York: Brunner/Mazel.

Zeig, J. (ed.) (1997) The Evolution of Psychotherapy: The Third Conference. New York: Brunner/Mazel.

Zeig, J. and Gilligan, S. (eds) (1990) Brief Therapy: Myths, Methods, and Metaphor. New York: Brunner/Mazel.

　1988年にサンフランシスコで開催された第4回国際エリクソニアン催眠・心理療法学会の記録を編集したものである。

Zeig, J. and Lankton, S. (eds) (1988) Developing Ericksonian Therapy: State of the Art. New York: Brunner/Mazel.

　1986年にサンフランシスコで開催された第3回国際エリクソニアン催眠・心理療法学会の記録を編集したものである。

文　献

Araoz, D.L. (1985) The New Hypnosis. New York: Brunner/Mazel.

Bandler, R. and Grinder, J. (1975) Patterns of the Hypnotic Techniques of Milton H. Erickson, MD. Vol.1. Cupertino, CA: Meta Publications.

Barber, J. (1977a) 'Rapid induction analgesia: a clinical report', American Journal of Clinical Hypnosis, 19 (3): 138-47.

Barber, J. (1977b) 'The efficacy of hypnotic analgesia for dental pain in individuals of both high and low hypnotic susceptibility', Dissertation Abstracts International, 37 (9-B): 4718.

Barber, J. (1980) 'Hypnosis and the unhypnotizable', The American Journal of Clinical Hypnosis, 23 (1): 4-9.

Barber, J. (1987) 'On not beating dead horses', British Journal of Experimental and Clinical Hypnosis Special Issue: Is Hypnotherapy a Placebo?, 4 (3): 156-7.

Barber, J. (1989) 'Suffering children hurt us', Pediatrician, 16 (1-2): 119-23.

Barber, J. (1993) 'The clinical role of responsivity tests: a master class commentary', International Journal of Clinical and Experimental Hypnosis, 41(3): 165-8.

Barber, J. and Adrian, C. (1982) Psychological Approaches to the Management of Pain. New York: Brunner/Mazel.

Breggin, P.R. (1979) Electroshock: Its Brain Disabling Effects. New York: Springer.

Cade, B. and O'Hanlon, W.H. (1993) A Brief Guide to Brief Therapy. New York: Norton. (宮田敬一, 窪田文子監訳：ブリーフセラピーへの招待. 亀田ブックサービス, 1998.)

Cautela, J.R. (1993) 'Insight in behavior therapy', Journal of Behavior Therapy and Experimental Psychiatry, 24 (2): 93-7.

Cooper, L.E. and Erickson, M.H. (1982) Time Distortion in Hypnosis (2nd edn) (First published 1954). Baltimore: Williams & Wilkins.

Crasilneck, Harold B. and Hall, James A. (1975) Clinical Hypnosis: Principles and Applications. New York: Grune & Stratton.

de Shazer, S. (1985) Keys to solutions in Brief Therapy. New York: Norton. (小野直広訳：短期療法解決の鍵. 誠信書房, 1994.)

Dolan, Y.M. (1985) A Path with a Heart: Ericksonian Utilization with Resistant and Chronic Clients. New York: Brunner/Mazel.

Dolan, Y.M. (1986) 'Metaphors for motivation and intervention', Family Therapy Collections, 19: 1-10.

Dolan, Y.M. (1989) '"Only once if I really mean it": brief treatment of a previously dissociated incest case', Journal of Strategic and Systemic Therapies Special Issue: Childhood Sexual Abuse, 8 (4): 3-8.

文献　183

Dolan, Y.M. (1991) Resolving Sexual Abuse: Solution-focused Therapy and Ericksonian Hypnosis for Adult Survivors. New York: Norton.

Dolan, Y.M. (1997) 'I'll start my diet tomorrow: a solution-focused approach to weight loss', Contemporary Family Therapy, 19 (1): 41-8.

Edgette, J.H. and Edgette, J.S. (1995) The Handbook of Hypnotic Phenomena in Psychotherapy. New York: Brunner/Mazel.

Erickson, Elizabeth M. (1994) Convocation, Sixth International Congress on Ericksonian Approaches to Hypnosis and Psychotherapy. Los, Angeles, CA.

Erickson, M.H. (1932) 'Possible detrimental effects from experimental hypnosis', Journal of Abnormal and Social Psychology, 27: 32 1-7.

Erickson, M.H. (1939) 'An experimental investigation of the possible antisocial use of hypnosis', Psychiatry, 2: 391-414.

Erickson, M.H. (1954a) 'Special techniques of brief hypnotherapy', Journal of Clinical and Experimental Hypnosis, 2:109-29.

Erickson, M.H. (1954b) 'Pseudo-orientation in time as a hypnotherapeutic procedure', Journal of Clinical and Experimental Hypnosis, 2: 261-83. (Also in E. Rossi [ed.] [1980d] Collected Papers of Milton H. Erickson on Hypnosis, Vol. IV. New York: Irvington. pp. 397-423.)

Erickson, M.H. (1958) 'Naturalistic techniques of hypnosis', The American Journal of Clinical Hypnosis, July (1): 3-8.

Erickson, M.H. (1959a) 'Further clinical techniques of hypnosis: utilization techniques', The American Journal of Clinical Hypnosis, 2 (1): 3-21.

Erickson, M.H. (1959b) 'Hypnosis in painful terminal illness', The American Journal of Clinical Hypnosis, 1: 117-21.

Erickson, M.H. (Circa 1960) Clinical and experimental trance: hypnotic training and time required for their development. Unpublished discussion. (Also in E. Rossi [ed.] [1980b], The Collected Papers of Milton H. Erickson on Hypnosis, Vol. II. New York: Irvington. pp. 301-6.)

Erickson, M.H. (1960) Expectancy and minimal sensory cues in hypnosis. Incomplete report. (Also in E. Rossi [ed.] [1980b], The Collected Papers of Milton H. Erickson on Hypnosis, Vol. II. New York: Irvington. pp. 337-9.)

Erickson, M.H. (1964) Initial Experiments Investigating the Nature of Hypnosis. The American Journal of Clinical Hypnosis, October, 7:152-62.

Erickson, M.H. (1965a) 'The use of symptoms as an integral part of hypnotherapy', The American Journal of Clinical Hypnosis, 8: 57-65.

Erickson, M.H. (1965b) 'Experimental hypnotherapy in Tourette's Disease', The American Journal of Clinical Hypnosis, 7: 325-31.

Erickson, M.H. (1966) 'Experimental knowledge of hypnotic phenomena employed for hypnotherapy', The American Journal of Clinical Hypnosis, 8: 200-309.

Erickson, M.H. (1967) 'Further experimental investigation of hypnosis: hypnotic and non-hypnotic realities', The American Journal of Clinical Hypnosis, 10: 87-135. (Also in E.

Rossi [ed.] [1980a], The Collected Papers of Milton H. Erickson on Hypnosis, Vol. I. New York: Irvington. pp. 18-32.)

Erickson, M.H. (1977) 'Hypnotic approaches to therapy', The American Journal of Clinical Hypnosis, 20 (1): 20-35.

Erickson, M.H. and Erickson, E.M. (1938) 'The hypnotic induction of halucinatory color vision followed by pseudo-negative after-images', Journal of Experimental Psychology, 22: 581-8.

Erickson, M.H. and Erickson, E.M. (1958) 'Further considerations of time distortion: subjective time condensation as distinct from time expansion', The American Journal of Clinical Hypnosis, October (1): 83-9.

Erickson, M.H., Hershman, S. and Secter, I. (1961) The Practical Application of Medical and Dental Hypnosis. New York: Julian Press.

Erickson, M.H. and Lustig, H.S. (1975) Verbatim transcript of the videotape, 'The Artistry of Milton H. Erickson, MD', Parts 1 and 2.

Erickson, M.H. and Rossi, E.L. (1975) 'Varieties of double bind', The American Journal of Clinical Hypnosis, 17: 143-57.

Erickson, M.H. and Rossi, E.L. (1979) Hypnotherapy: An Exploratory Casebook. New York: Irvington.

Furman, B. and Ahola, T. (1994) 'Solution talk: the solution-oriented way of talking about problems', in M. Hoyt (ed.), Constructive Therapies. New York: Guilford Press.

Gilligan, S.G. (1997) The Courage to Love: Principles and Practices of Self-relations Psychotherapy. New York: Norton. (崎尾英子訳：愛という勇気. 言叢社, 1999.)

Gilligan, S.G. (ed.) (1993) Therapeutic Conversations. New York: Norton.

Gilligan, S.G. and Price, R. (1987) Therapeutic Trances: The Cooperation Principle in Ericksonian Hypnotherapy. New York: Brunner/Mazel.

Haley, J. (1973) Uncommon Therapy: The Psychiatric Techniques of Milton H. Erickson MD. New York: Norton. (高石昇, 宮田敬一監訳：アンコモンセラピー. 二瓶社, 2001.)

Haley, J. (ed.) (1985a) Conversations with Milton H. Erickson, MD, Vol. 1: Changing Individuals. New York: Triangle (Norton). (門前進訳：ミルトン・エリクソンの催眠療法. 誠信書房, 1997.)

Haley, J. (ed.) (1985b) Conversations with Milton H. Erickson, MD, Vol. II: Changing Couples. New York: Triangle (Norton).

Haley, J. (ed.) (1985c) Conversations with Milton H. Erickson, MD, Vol. III: Changing Children and Families. New York: Triangle (Norton). (森俊夫訳：ミルトン・エリクソン子どもと家族を語る. 金剛出版, 2001.)

Haley, J. (1993) Jay Haley on Milton H. Erickson. New York: Brunner/Mazel.

Hammond, D.C. (1986) 'Evidence of Erickson's effectiveness', in B. Zilbergeld, M.G. Edelstein and D.L. Araoz (eds), Hypnosis Questions and Answers. New York: Norton.

Kazdin, A.E. (1982) 'Symptom substitution, generalization and response covariation: implications for psychotherapy outcome', Psychological Bulletin, 91(2): 349-65.

Kirsch, I., Lynn, S.J. and Rhue, J.W. (1993) 'Introduction to clinical hypnosis', in J.W. Rhue, S.J. Lynn and I. Kirsch (eds), Handbook of Clinical Hypnosis. Washington, DC: American Psychological Association.

Lankton, C.H. (1985) 'Elements of an Ericksonian approach', in S.R. Lankton (ed.), Elements and Dimensions of an Ericksonian Approach. New York: Brunner/ Mazel.

Lankton, S.R. (1990) 'Ericksonian strategic therapy', in J.K. Zeig and W.M. Munion (eds), What is Psychotherapy? Contemporary Perspectives. San Francisco: Jossey-Bass. pp. 363-71.

Lankton, S.R. and Lankton C.H. (1983) The Answer Within: A Clinical Framework of Ericksonian Hypnotherapy. New York: Bruner/Mazel.

Lankton, S.R. and Lankton C.H. (1986) Enchantment and Intervention in Family Therapy: Training in Ericksonian Approaches. New York: Bruner/Mazel.

Lankton, S.R., Gilligan, S.G. and Zeig, J.K. (1991) Views on Ericksonian Brief Therapy, Process and Action. New York: Brunner/Mazel.

Madanes, Cloe (1987) 'Advances in strategic family therapy', in J.K. Zeig (ed.), The Evolution of Psychotherapy: First Conference. New York: Brunner/Mazel. pp. 46-55.

Mead, Margaret (1976) 'The originality of Milton Erickson', The American Journal of Clinical Hypnosis, 20 (1): 4-5.

O'Hanlon, W.H. (1987) Taproots: Underlying Principles of Milton Erickson's Therapy and Hypnosis. New York: Norton. (森俊夫, 菊池安希子訳：ミルトン・エリクソン入門. 金剛出版, 1995.)

O'Hanlon, W.H. and Hexum, A.L. (1990) An Uncommon Casebook: The Complete Clinical Work of Milton H. Erickson. New York: Norton. (尾川丈一, 羽白誠監訳：アンコモン・ケースブック. 亀田ブックサービス, 2001.)

O'Hanlon, W.H. and Hudson, P.O. (1994) 'Coauthoring a love story: solution-oriented marital therapy', in M.F. Hoyt (ed.), Constructive Therapies. New York: Guilford Press.

O'Hanlon, W.H. and Martin, M. (1992) Solution-oriented Hypnosis: An Ericksonian Approach. New York: Norton. (宮田敬一監訳, 津川秀夫訳：ミルトン・エリクソンの催眠療法入門. 金剛出版, 2001.)

O'Hanlon, W.H. and Weiner-Davis, M. (1989) In Search of Solutions: A New Direction in Psychotherapy. New York: Norton.

Price, D.D. and Barber, J. (1987) 'An analysis of factors that contribute to the efficacy of hypnotic analgesia', Journal of Abnormal Psychology, 96 (1): 46-51.

Random House Dictionary (1994) Unabridged electronic dictionary. New York: Random House.

Rosen, S. (1982) My Voice Will Go with You: The Teaching Tales of Milton H. Erickson. New York: Norton. (中野善行, 青木省三監訳：私の声はあなたとともに. 二瓶社, 1996.)

Rosen, S. (1988) 'What makes Ericksonian therapy so effective?', in J.K. Zeig and S.R. Lankton (eds), Developing Ericksonian Therapy: State of the Art. New York: Brunner/Mazel.

Rossi, E.L. (ed.) (1980a) The Collected Papers of Milton H. Erickson on Hypnosis. Vol. I:
The Nature of Hypnosis and Suggestion. New York: Irvington.

Rossi, E.L. (ed.) (1980b) The Collected Papers of Milton H. Erickson on Hypnosis. Vol. II:
Hypnotic Alteration of Sensory, Perceptual and Psychophysiological Processes. New
York: Irvington.

Rossi, E.L. (ed.) (1980c) The Collected Papers of Milton H. Erickson on Hypnosis. Vol. III:
Hypnotic Investigation of Psychodynamic Processes. New York: Irvington.

Rossi, E.L. (ed.) (1980d) The Collected Papers of Milton H. Erickson on Hypnosis. Vol. IV:
Innovative Hypnotherapy. New York: Irvington.

Rossi, E.L. and Ryan, Margaret O. (eds) (1985) Life Reframing in Hypnosis: The Seminars,
Workshops and Lectures of Milton H. Erickson. Vol. II. New York: Irvington.

Rossi, E.L., Ryan, Margaret O. and Sharp, Florence A. (1983) Healing in Hypnosis: The
Seminars, Workshops and Lectures of Milton H. Erickson. Vol. 1. New York: Irvington.

Weitzenhoffer, A.M. (1989) The Practice of Hypnotism. Vol. II. New York: John Wiley.

Yapko, M.D. (1988) When Living Hurts: Directives for Treating Depression. New York:
Brunner/Mazel.

Yapko, M.D. (ed.) (1989) Brief Therapy Approaches to Treating Anxiety and Depression.
New York: Brunner/Mazel.

Yapko, M.D. (1990) 'Directive psychotherapy', in J.K. Zeig and W.M. Munion (eds), What
is Psychotherapy? Contemporary Perspectives. San Francisco: Jossey-Bass.

Yapko, M.D. (1992) Hypnosis and the Treatment of Depressions: Strategies for Change.
New York: Brunner/Mazel.

Zeig, J.K. (1980) A Teaching Seminar with Milton H. Erickson. New York:
Brunner/Mazel. (宮田敬一訳：ミルトン・エリクソンの心理療法セミナー. 星和書店,
1984.)

Zeig, J.K. (1985) Experiencing Erickson: An Introduction to the Man and his Work. New
York: Brunner/Mazel. (中野善行，青木省三監訳：ミルトン・エリクソンの心理療法.
二瓶社，1993.)

Zeig, J.K. (1990a) 'Seeding', in J.K. Zeig and S. Gilligan (eds), Brief Therapy: Myths,
Methods, and Metaphors. New York: Brunner/Mazel. pp. 221-46.

Zeig, J.K. (1990b) 'Ericksonian psychotherapy', in J.K. Zeig and W.M. Munion (eds), What
is Psychotherapy? Contemporary Perspectives. San Francisco: Jossey-Bass.

Zeig, J.K. (1992) 'The virtues of our faults: a key concept of Ericksonian therapy', in J.K.
Zeig (ed.), The Evolution of Psychotherapy, Second Conference. New York:
Brunner/Mazel. pp. 252-66. (成瀬悟策監訳：21世紀の心理療法 I・II. 誠信書房,
1989, 1990.)

Zeig, J.K. and Geary, B.B. (1990) 'Seeds of strategic and interactional psychotherapies:
seminal contributors of Milton H. Erickson', The American Journal of Clinical
Hypnosis, 33: 105-12.

Zeig, J.K. and Gilligan, S.G. (eds) (1990) Brief Therapy: Myths, Methods and Metaphors.
New York: Brunner/Mazel.

Zeig, J.K. and Munion, W.M. (eds) (1990) What is Psychotherapy? Contemporary Perspectives. San Francisco: Jossey-Bass.

Zilbergeld, B., Edelstein, M.G. and Araoz, D.L. (eds) (1986) Hypnosis Questions and Answers. New York: Norton.

訳者あとがき

　本書は，最近広まりつつあるブリーフサイコセラピー，家族療法，現代催眠などさまざまな領域に多大な影響を与え，そして没後20年以上たった今なお多くのセラピストたちが治療のエッセンスを汲み取ろうと探求し続けているミルトン・H・エリクソンについての，彼の晩年の弟子で現ミルトン・エリクソン財団理事長のジェフリー・K・ザイグ氏と若き気鋭の心理療法家のマイケル・ムニオン氏による解説書である。

　ザイグ氏は，本書であかされているように，貧しい学生であった当時エリクソンから無料でスーパーヴィジョンを受けた恩義にこたえるために，エリクソンの残した患者のフォローをおこなうのみならず，ミルトン・エリクソン財団を設立し，エリクソンの業績の保存，彼の治療法の普及，発展に尽力している。またエリクソンの家族と個人的な親交も深く，エリクソン夫人を近くで見守り続けている。エリクソンの解説書を書くのにまさにうってつけの人物であろう。

　本書の内容について簡単に触れておきたい。

　第1章では，エリクソンの生涯と彼の業績が素描されている。彼が催眠に興味をもつようになった経緯や患者のリソースを重視してさまざまなアプローチを編み出していくもととなったさまざま彼の人生上の体験が描かれている。

　第2章では，エリクソンの治療のユニークさ，革新的な側面に焦点を当てられている。とりわけ無意識の重視，ブリーフ的側面（治療が患者の人生を占めてしまわないための配慮），指示―説得的な介入をいとわない積極さ，未来指向性，リソースの利用などがさまざまな症例を通して述べられてい

訳者あとがき　189

る。

　第3章では，催眠についての説明と催眠の経験から得られた心理療法の技法のいくつかが解説されている。年齢退行，年齢進行，健忘，感覚脱失，メタファー，逸話，逆説的介入，さまざまな課題の処方などである。エリクソンの技法にはどれも相手の枠組みで出会い，体験を通して成長できるような工夫がみてとれる。

　第4章は，エリクソン流のアプローチとエリクソン個人への批判とそれに対する反論が述べられている。無理論的性格，インフォームド・コンセントや指示にまつわる倫理的側面，彼のカリスマ性などに関する批判が取り上げられている。印象深かったのは，誰もがエリクソンのようにはできないのではないかという批判への著者の次のようなコメントである。「……（略）しかし人を真に魅力的にするのは，自己陶酔ではなく，何かに興味をもつこと，何かに純粋に集中することではないだろうか。もし心理療法家が患者とその人生に純粋に関心を向けるなら，その心理療法家はエリクソン流心理療法をおこなうための「カリスマ性」をそなえるようになるだろうと私は思う」

　第5章では，エリクソンの心理療法各流派への影響が概観されている。エリクソンに直接出会ったことのない世代（訳者らもそうであるが）にも影響が広がりつつあるのがよくわかる。

　さまざまな視点からエリクソンと彼の業績について述べられているのがわかると思う。エリクソンやブリーフサイコセラピーについて関心を抱きはじめられた方にも，ふんだんにケースをもちいて説明がなされているので理解しやすいと思う。

　さて，本書の中に頻繁に登場する重要なキーワードでエリクソン自身はほとんど使っていないことばがある。それは，「リソース」ということばである。リソースということばは，現在ブリーフサイコセラピー学会などでは，ごく普通にもちいられるようになってきている。「リソース」とは，資源という意味であるが，ブリーフサイコセラピーの文脈では，治療（あるいはク

ライアントの生活）に役立てうるものというニュアンスでもちいられること
が多い。この視点からはクライアントのもっている長所，優れたところだけ
がリソースなのではなく，病的とされる症状や習癖もある種のリソースと見
なされる。クライアントのリソース，セラピストのリソース，家族のリソー
ス，クライアントを取り巻く社会的文化的リソース，これらをエリクソンは
巧みに利用して治療をおこない，めざましい成果をあげたのである。このよ
うな「リソース」ということばのもつ力，それは，ときにセラピストの見方
を変えたり，発想を豊かにし，しばしば難局を打開させる。

　私は，現代の心理療法史に詳しくないので，残念ながらこのリソースとい
うことばがどのようにひろまってきたのかは知らない。吉本武史氏によると，
ロジャース，パールズらはよく使っていたとのことである。エリクソンのお
こなったことをリソースの視点から説明したのは,ザイグ氏の功績かと思い，
直接お尋ねしてみたら，「リソースが，エリクソンを理解する上できわめて
重要な概念であることは間違いないよ。でもそれを広めたのは私ではないと
思う。誰が最初かよくわからないなあ。ロッシかもしれないね」というご返
事だった。しかし残念ながらロッシの著作，ロッシとエリクソンの共著の中
にもこのことばはほとんど出てこない。ザイグ氏が 1980 年代初期からリソ
ースということばを使っていたのは確かだし，スティーヴン・ランクトンが
1983 年の「The Answer Within」で頻繁にリソースということばをもちいて
いることなどから，現代的「リソース」の視点を広めたのは，彼らいわゆる
ネオ・エリクソニアンの貢献があったのは間違いないと思われる。

　エリクソンの魅力の一つに彼から語られたストーリーの魅力がある。彼が
語る逸話には，治療とは何か，という示唆が溢れている。それは必ずしも狭
い枠組みの治療だけではなく，自然な対人交流の中でおこなわれる問題の解
決，成長についても触れられている。「あなたが紳士だったなら」という女
性の一言で見事に変身を遂げていく凶悪犯の物語，子ども時代に迷って彷徨
っていた馬にまたがって，飼い主の家まで届けていった逸話，自分のさまざ

訳者あとがき　191

まなハンディキャップを克服していく多くのエピソードなどなど。理論や技法から導かれる治療ではなく，実際の生活の中に見いだされた治癒機転の数々がいたるところに散りばめられている。

　彼は徹底して生活を重視していた。クライエントが少しでもよりよい人生を送れるよう援助することに，多大な関心が向けられていて，治療の理論化だけではなく，いわゆる人間論の明文化やさまざまな治療者が陥りがちな治療哲学の確立をも避け続けた。もしかするとこのあたりが，現代のブリーフサイコセラピーの治療者たちとの相違かもしれない。そして彼が実際に示してきたことを私たちはまだ十分に理解できているとは言えない。

　「問題の外在化」ということばを目にされたことのある方は増えてきているのではないだろうか。問題をいったんクライエントや家族から切り離すことで，心の負担を軽くして，みんなで協力して対処しやすくするための工夫である。エリクソンがおこなったことは，それに加えて，「解決の外在化（小関哲郎氏：のご示唆）」なのかもしれない。エリクソンが，医原病があるなら，医原健康があってもいいじゃないか，外傷的トラウマがあるなら，治療的トラウマがあってもいいじゃないかと言っていたのが思い起こされる。問題を外在化できるなら，解決が外在化されたっていいはずである。エリクソンは繰り返し述べている。「治療者が治すのではない。ただ患者に天候を与えることができるだけである」と。彼は，アルコール依存症の患者に裏庭を貸し，悩める夫婦に砂漠の植物園やスコーピークに行かせ，ハンドルをもつと失神する若者に夜のハイウェイに行かせた。天候としての裏庭や植物園やスコーピークやハイウェイは，患者にとっての大いなるきっかけであったし，それらは解決の外在化と呼んでもよいのではないだろうか。そう考えるとエリクソンにとって，世界は解決（あるいはリソース）に満ち満ちたものとして映っていたのかもしれない，とさえ思えてくる。私たちは，もっとエリクソンから，いや自分自身やクライエントから，そして世界から多くのことを学べる，それももっと楽しみながら。

翻訳は，第3章を虫明が担当し，それ以外を中野が担当したが，二人で全体のチェックをおこなった。最後に日々の臨床の合間を縫っての翻訳作業で，予定より大幅に遅れたにもかかわらず，辛抱強く励まし続けてくださった金剛出版編集部立石正信氏に深く感謝いたします。

2003年6月

訳者を代表して

中野　善行

著者紹介　193

ジェフリー・K・ザイグ
ミルトン・エリクソン財団の創立者で理事長。エリクソニアン心理療法，催眠療法，ブリーフ・セラピー，折衷的心理療法など広範な領域にわたって著作がある。開業しており，世界中でエリクソニアン心理療法のワークショップをおこなっている。

W・マイケル・ムニオン
アリゾナのスーパースティション・マウンテン・メンタルヘルスセンター臨床部長。個人開業もおこなっており，虐待，ドメスティックバイオレンス，予防プログラムに取り組んでいる。特に子どもたちのための虐待予防について，さまざまな組織で精力的に活動している。

■訳者略歴

中野　善行（なかの・よしゆき）

昭和59（1984）年，岡山大学医学部卒業。同年，岡山大学医学部神経精神医学教室入局。
　笠岡病院，国立岩国病院，岡山大学医学部附属病院精神科神経科を経て平成10（1998）
　年なかのクリニック開院。
共監訳書　ジェフリー・K・ザイク著『ミルトン・エリクソンの心理療法――出会いの三
　日間』（二瓶社），シドニー・ローゼン著『私の声はあなたとともに　ミルトン・エリク
　ソンのいやしのストーリー』（二瓶社）

虫明　修（むしあけ・おさむ）

平成5（1993）年，岡山大学教育学部卒業。
平成9（1997）年，東京学芸大学大学院教育学研究科修了。
岡山県総合社会福祉センター，磯ヶ谷病院を経て
現在　なかのクリニック　臨床心理士。

新装版 ミルトン・エリクソン
その生涯と治療技法

2003年7月30日　初版発行
2019年9月5日　新装版発行

著者――――ジェフリー・K・ザイグ　W・マイケル・ムニオン
訳者――――中野善行　虫明 修

発行者―――立石正信
発行所―――株式会社 金剛出版
　　　　　　〒112-0005 東京都文京区水道1-5-16
　　　　　　電話 03-3815-6661　振替 00120-6-34848

印刷・製本◉デジタルパブリッシングサービス

ISBN978-4-7724-1717-4 C3011　©2019 Printed in Japan

JCOPY 〈（社）出版者著作権管理機構 委託出版物〉
本書の無断複製は著作権法上での例外を除き禁じられています。
複製される場合は，そのつど事前に，出版者著作権管理機構
（電話 03-5244-5088, FAX 03-5244-5089, e-mail: info@jcopy.or.jp）の許諾を得てください。

ミルトン・エリクソンの催眠の現実
臨床催眠と間接暗示の手引き

［著］＝ミルトン・H・エリクソンほか　　［訳］＝横井勝美

●A5判　●上製　●368頁　●定価 **5,400**円＋税
● ISBN978-4-7724-1491-3 C3011

「ユーティライゼーション」「自明の理」「リカピテュレーション」
「イエスセット」などの重要なキーワードを手がかりに，
エリクソンの催眠ワークの全貌を余すところなく描き出した，
催眠誘導を学習するための優れた手引き。

ミルトン・エリクソンの催眠の経験
変性状態への治療的アプローチ

［著］＝ミルトン・H・エリクソンほか　　［訳］＝横井勝美

●A5判　●上製　●316頁　●定価 **5,400**円＋税
● ISBN978-4-7724-1558-3 C3011

ミルトン・エリクソンとその高弟アーネスト・ロッシによる，
催眠療法のエッセンスを伝える三部作の第二弾。
催眠療法の創造的なプロセスを達成する方法を深めていく，
エリクソン催眠の深奥に迫る一冊。

ミルトン・エリクソンの
催眠療法ケースブック

［著］＝ミルトン・H・エリクソンほか　　［訳］＝横井勝美

●A5判　●上製　●524頁　●定価 **7,200**円＋税
● ISBN978-4-7724-1668-9 C3011

「ユーティライゼーション・アプローチ」「治療的ダブルバインド」
「複合暗示」「後催眠暗示」など，
エリクソン催眠の基本的なテクニックが紹介された，
エリクソンとロッシの共著三部作完結編！